U0605710

高校廉政体系建设研究

刘英侠　著

东北大学出版社
·沈　阳·

ⓒ 刘英侠　2023

图书在版编目（CIP）数据

高校廉政体系建设研究 / 刘英侠著 . — 沈阳：东
北大学出版社，2023.11
　　ISBN 978-7-5517-3433-2

　　Ⅰ . ①高… 　Ⅱ . ①刘… 　Ⅲ . ①高等学校—廉政建设—
研究—中国 　Ⅳ . ①G647.2

中国国家版本馆 CIP 数据核字（2023）第 225845 号

出 版 者：东北大学出版社
　　　　　地址：沈阳市和平区文化路三号巷 11 号
　　　　　邮编：110819
　　　　　电话：024-83683655（总编室）　 83687331（营销部）
　　　　　传真：024-83687332（总编室）　 83680180（营销部）
　　　　　网址：http:// www.neupress.com
　　　　　E-mail: neuph@neupress.com
印 刷 者：抚顺光辉彩色广告印刷有限公司
发 行 者：东北大学出版社
幅面尺寸：170 mm×240 mm
印　　张：12.5
字　　数：218 千字
出版时间：2023 年 11 月第 1 版
印刷时间：2023 年 11 月第 1 次印刷
责任编辑：张德喜
责任校对：杨　坤
封面设计：潘正一

ISBN 978-7-5517-3433-2　　　　　　　　　定　价：68.00 元

前　言

　　习近平总书记在党的二十大报告中首次提出"健全全面从严治党体系"的要求，将其作为新征程上坚定不移推进全面从严治党、深入推进新时代党的建设新的伟大工程的重要举措之一，从此更加提升了管党治党要严、紧、硬的要求标准。高校廉政体系建设是一项艰巨复杂的系统工作，包括责任体系建设、教育管理体系建设、制度规范体系建设、纪检监察体系建设等方面，是高校纪检监察工作系统化、规范化建设的重要体现，也是高校党的建设的一项重要内容。

　　党的十八大以来，在党中央"治国必先治党，治党务必从严"的重要思想指导下，高校纪检监察工作有了新的起色，全体纪检监察干部强化监督执纪问责，加大反腐败工作力度，将清正廉洁的优良品德植入高校党的建设工作中，下大气力纠正"四风"，落实"中央八项规定"精神，严格正风肃纪，在全面从严治党的大背景下，高校的党风廉政建设工作也取得了重大进展。

　　党的十八大以来，高校在营造风清气正的良好政治生态、良好的育人环境方面承担着更为重要的政治责任、社会责任和历史责任。但是在对各级各类高校的巡视巡察中不断发现的问题，对高校纪检监察工作提出了更多的警醒。当前高校在招生、录取、科研经费使用、资产管理、基建等领域廉洁风险较高，存在重点领域关键环节权力运行失范等问题。高校中的反腐败问题也是十分严峻的，有的尽管是"微腐败"，但是因为高校人员集中、具体工作覆盖面广，所以负面影响较大，这对高校纪检监察工作提出了新的挑战。

　　对于高校纪检监察部门来说，要构建完善的廉政体系，既要不断探索完善纪检监察体制机制，又要在工作过程中不断推进"三转"、落实"两个责任"，以进一步加强纪委的领导责任体系建设、制度规范体系建设，还要不断强化教育管理，提升高校廉洁文化建设效果，形成风清气正的校园廉洁文化；对纪检监察干部来说，既要能充分运用"第一种形态"有效开展工作，又要不断进行工作方式方法创新，构建起一支"铁军"。

本书立足于高校纪检监察工作实际展开写作，结合了工作中出现的问题及开展工作的经验，坚持党的领导，坚持把政治建设摆在首位，坚持把纪律和规矩挺在前面，坚持立德树人，坚持理论与实践相结合，力求为新时代高校开展党风廉政建设和反腐败斗争提供有益的参考。

在本书编写过程中，得到了高校纪检监察部门人员及相关专家学者的支持，大连大学的吴高飞、张言东、王兆东、邵学汶、孙晶言、刘健等同志分别为本书提供了研究思路和资料；北京石油化工学院马克思主义学院为本书的完成提供了有力的支持。本书中还引用了前辈及同行已发表作品中的观点，使本书得以付梓，在此一并表示感谢。

由于笔者的工作经验有限，理论知识的掌握还存在不足，参考资料较少，很多都是对案例和工作经验的总结和归纳，所以本书中还存在有待进一步研究和商榷之处，希望大家多提宝贵意见，多多交流。

刘英侠

2023 年 8 月

目 录

第一章　从时代发展需要认识高校廉政体系建设

党的二十大报告中提出"教育、科技、人才是全面建设社会主义现代化国家的基础性、战略性支撑。必须坚持科技是第一生产力、人才是第一资源、创新是第一动力，深入实施科教兴国战略、人才强国战略、创新驱动发展战略"①。这对高校人才培养工作、科技创新等工作提出了新的要求，因此，要通过完善各种制度、构建管理体系为教育教学提供保障。

高校廉政体系是一整套完备的反腐败系统设计及制度安排，既包括制度体系的建设，又包括制度的贯彻执行，还包括为制度执行提供各种保障的体制机制，它强调对腐败及不廉洁行为的预防措施。高校廉政体系建设是一项系统工作，要结合高校自身实际、整合高校内外部的各项资源，运用系统的方法，做到整体性与独立性相统一，统筹规划、久久为功。完善高校廉政体系建设，需要将多股廉政力量整合起来形成合力，共同营造出"不敢腐、不能腐、不想腐"的廉洁校园氛围，打造出"领导干部廉洁从政、教师廉洁从教、行政人员廉洁服务、学生干部廉洁管理、学生廉洁意识坚定"的生态环境。廉政体系建设已经成为新时代高校纪检监察部门的主要任务，成为高校党建的重要内容，更是全面从严治党的题中应有之义。

第一节　新时代加强高校廉政体系建设的重要意义

有这样一组数据："党的十九大以来，纪检监察组共受理涉及直属高校校级领导干部信访举报1137件，处置相关问题线索608条，给予组织处理95人次，

---

① 党的二十大报告学习辅导百问［M］. 北京：党建读物出版社，学习出版社，2022：25.

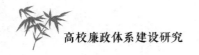

给予党纪政纪处分 26 人次"①。这说明，高校也是开展反腐败斗争的重要领域。

对于高校而言，在新时代背景下高度重视党风廉政建设工作、注重完善廉政体系，有着诸多方面的意义。

一、高校廉政体系建设是落实"不忘初心、牢记使命"的主要举措

中国共产党始终强调要以人民利益为重，共产党员要做到始终"不忘初心、牢记使命"，这样才能确保在前进过程中，不断满足人民对美好生活的追求，并将"为中国人民谋幸福、为中华民族谋复兴"作为奋斗目标。

对于高校而言，其管理机制为党委领导下的校长负责制，就是说，高校所有工作都要在党组织的领导下展开。大学治理结构可分为外部治理和内部治理。前者主要体现在大学与政府、大学与社会的关系；后者主要是针对大学内部的各种要素关系，主要包括大学治理主体、大学治理客体和大学治理手段三大要素。内部治理主体是指在大学中从事决策、管理等活动的人或组织机构，包括党的基层组织、行政组织、群众组织、学术组织和师生员工。从这些要素的构成可见，高校的治理过程也是在党组织的领导下进行的。当前有部分高等院校党员领导干部出现了违纪违法行为，在一定程度上暴露出高校治理体系存在短板，这些主要领导干部没有坚守住初心使命，忘记了师生的利益诉求，忘记了自己为人民服务的诺言，难以做到恪尽职守，也难以完成时代交给他们的教育历史使命。在高等院校"双一流"体系构建过程中，更应该高度关注高校廉政体系建设，这样才能够确保高校教育改革沿着正确的轨道行驶，使高校教育体系沿着中国特色社会主义的方向发展和进步。

二、高校廉政体系建设是实现高校治理体系现代化的重要举措之一

党的十九届四中全会提出"到新中国成立一百年时，全面实现国家治理体

---

① 中央纪委国家监委驻教育部纪检监察组. 切实履行派驻监督职责 推动直属高校深入落实立德树人根本任务 [J]. 党风廉政建设，2020（6）：49.

系和治理能力现代化，使中国特色社会主义制度更加巩固、优越性充分展现"①的总目标，因此，各高校要以制度建设为抓手推动实现高校治理体系现代化。目前高校实行的管理制度是"党委领导、校长行政负责、学术委员会审议咨询、教代会民主参与监督"，简称"党委领导下的校长负责制"。要保障这一治理体系的现代化发展，首先要保证党委的正确有力领导，同时要保证校长对行政业务的第一责任人负责制，在学校运行中，还要充分发挥学术委员会、教代会的民主参与、民主监督作用。在这样的背景下，高度关注高校廉政体系的构建，可以使高校内部治理关系得到梳理，可以引导高校治理的相关法律法规朝着更加完善的方向发展，可以保障高校的纪检监察制度不断完善，继而使高等院校拥有廉洁的校园环境。通过上述治理优化举措，高校的治理能力会不断提升，在廉政体系建设中遇到的各种困难也会得到解决，高校廉政建设格局得以塑造，高校廉政体系会成为高校治理现代化的重要驱动力。

三、高校廉政体系建设是保障高校各项工作有效运行的内在要求

高等院校的运行会牵涉方方面面的内容，范围广、层次多，即使是看似简单的基本教育教学工作，也需要有相应的规则和制度体系来保证运转。如果在此过程中存在一些"潜规则"或者不正之风，就可能使教师或者学生的权益受到侵害，继而使校园的公开、自由、平等、和谐的风气受到不利影响，严重情况下甚至会影响到内部各项教育教学工作的正常开展。从这个角度来看，积极建立完善的廉政体系，保证高校党风廉政建设的高效进行，对于高等院校的纪检监察部门而言是至关重要的。

四、高校廉政体系建设是切实维护好教职工和学生权益的重要保障

在高等院校的各项教育教学活动中，学生和教职工是行为主体，他们的切身利益与党风廉政建设之间存在很多关联，显性和隐性的关联都有。如果因为

---

① 《中共中央关于坚持和完善中国特色社会主义制度　推进国家治理体系和治理能力现代化若干重大
　问题的决定》辅导读本［M］. 北京：人民出版社，2019：6.

纪检监察体制机制不健全而产生监管不到位的问题，就会导致一些教职工或学生的切身利益受到侵害。比如最近几年出现的高等院校师德师风失范问题，不仅对学生身心健康造成了损害，也对高校教师队伍的整体形象造成了恶劣影响。但这些事情并不是现在才出现的，那么前些年在高校的师德师风建设中，相应的监督体系为什么没有能够建立或发挥作用呢？还有，目前高等院校在教职工或者学生绩效考核、职称评定、奖学金助学金评定的时候仍有操作不规范、结果不公平的问题，严重影响了师生员工对学校的评价。如果高校党风廉政建设工作是有力的、高校廉政体系是完善的，那么就可以从制度角度减少甚至是杜绝上述情况的出现，从而更好地维护师生权益，营造和谐、清廉的工作氛围，使高校各项治理工作纳入被监督状态，就可以最大化地保护广大教职工和学生的切身利益。

第二节　新时代高校廉政体系建设面临的挑战

新时代对于高等教育提出了更高的要求，在高等院校教育改革历程中，廉政体系建设不仅可以更好地为高校党风廉政建设提供保障，更可以使纪检监察部门开展工作时有法可依、有规可循，而目前完成此项任务还面临着诸多挑战，集中体现在以下几个方面。

一、高校廉政建设的关键领域存在制度约束力不强问题

立足新发展阶段，贯彻新发展理念，构建新发展格局，推动高质量发展，这是近些年国家对经济发展形势的宏观判断和发展要求。对于高校来说，要实现高质量发展，必须以人才的高质量培养、学科的高质量发展为标志，而这些都要靠相关的制度机制作保障。高校廉政建设，既包括有严谨的领导责任体系，又要有完善的廉洁教育体系，还要有相应的制度规范体系和监督检查体系，更要有相应的预防和惩治腐败体系，而各种体系的建设都需要以法治为目标，确保在任何阶段都能够依照法律的要求开展工作，真实体现依法治校的理念。

但是从当前实际情况来看，高校的廉政体系不够完善，相应的制度约束力不是很强，如近些年曝光的高校基建领域腐败问题、科研项目使用问题、招生程序方面廉政风险点增加问题、高校教师的科研成果保护问题等，都在不同程度上反映出制度的约束力还不强的问题。比如南方某高校校长受贿一案，最终认定其挪用公款5875万元、受贿2000万元，其中1000多万元都是来自高校基础建设项目中的受贿款项。从2003年到2021年，该校新建了很多教学楼、办公楼，由于资金都使用到楼宇的改造和建设上，使得部分科研经费的使用受到了严重的影响，部分项目不得不被推迟，而该校校长却利用手里的职权进行违规干涉，并从中牟利，这其中暴露的是学校廉政体系建设的缺失问题，对"三重一大"事件的处理方式、决策机制、监督机制都做得不完善。

习近平总书记强调，出现腐败问题的重要原因之一就是体制上存在漏洞。因此，在全面从严治党条件下，必须要坚持依法治校原则，健全廉政体系，不断补齐在信访环节、办案环节、监督环节等方面的短板，完善责任体系、教育体系、制度体系、规范体系、预防和惩治体系等。

二、高校纪检监察工作存在体系不健全的问题

高校开展党风廉政建设工作，需要纪检监察部门切实发挥效能，需要纪检监察工作人员依照工作规划和相应的制度体系开展工作，但是从对当前高校廉政纪检监察工作的调研来看，此项建设问题还是比较突出的，一定程度上已经成为影响高校党风廉政建设高质量发展的制约因素。详细来说，实际的问题集中体现在如下几个方面。

（一）高校纪检监察部门工作压力大

从机构设置来讲，高校纪检监察部门属于学校的内部机构，接受校党委领导，主要是针对校内各部门开展工作，其工作权限管理、内容界定、制度设计、级别设定、人员构成等方面都要与学校的管理相协调，具体工作人员要由学校统一调配。同时，高校纪委又有特殊任务和身份，还需要接受上级纪检监察部门的领导，纪委书记一般要由上级任命，纪检监察部门经常会出现同时接受两方面工作要求的情况，有时案件处于调查核实阶段，又不能公开，因此纪

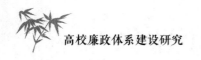

委的同志时常会感觉工作压力大、工作内容杂。

（二）高校纪检监察部门人员队伍不齐

目前仍有高校的纪检监察部门出现人员配备不齐、有人身兼数职的情况。而且因为专业出身不一致，人员能力素质表现得参差不齐。对于高校廉政建设的发展历程进行调研，并对数据进行分析可以发现，很多高校纪检监察部门的人员是从其他部门调动而来的，很少有法律专业或者做党务工作出身的人员，更很少有纪检监察专业的学历背景。这些情况导致高校的纪检监察部门人员队伍不齐，在立案侦办、调查取证、定性结案、开展活动、廉政警示教育等方面都要从基础知识学起。由于经验少、专业不对口，加之近些年国家出台的纪检监察法律法规多、案件更为复杂等原因，使高校纪检监察部门工作人员工作起来压力很大，高质量和高效率难有保证。

（三）高校纪检监察部门的考核指标难界定

对高校纪检监察部门是不能以"业绩"作为衡量业务水平高低的标准的，不能说高校纪委办理的案件越多越有成效，因为很多时候是通过纪委建立的预防和惩治腐败体系、廉洁教育管理体系使违法违纪行为被"扼杀在摇篮里"，通过运用第一种形态"治未病"了，所以，从一定程度上来说，高校纪委接到的举报信件多少、处理的违纪违法案件多少应该是与其治理成效成反比的关系。又如，从监督内容方面，纪委的监督工作具有很强的综合性，大部分业务都需要以熟悉各岗位工作细节为前提，而这些又是定性化工作，难以衡量出纪检监察部门的工作成效，而越是这样，越与目前很多高校的考核方式不同步、不同向。由于考核指标的不适合导致纪检监察部门人员工作的动力不够足、积极性不够高。

三、高校廉政体系监督预警存在机制不健全的问题

高校廉政体系包括多种因素，要贯彻落实好"党委的主体责任、纪委的监督责任，强化基层管理效能"这一全面从严治党的工作部署，工作之一就是要有健全的预警机制，有完善的事前监督、事中监督和事后监督机制，从而降低

校园内部出现腐败问题的可能性。

高校纪委的事前监督主要是针对行政决策中的各类事项起到提前预警的作用，例如，对"三重一大"事件集体决策的监督、提前完善重要事项的相关规章制度，以保证各类事项及其落实的合法性、合规性。事中监督主要是指纪委要严格遵守相关制度，对高校各类事项进行的过程性监管，要求按照既定程序执行，避免不合规问题的产生。事后监督主要是起到对主体问责的作用，针对部分落实不规范的决策，进行责任追究，如进行约谈、开展教育等，对情节严重的，还要进入立案等程序。事后监督主要是针对已经完成的各类项目进行的核查，这个环节一方面是对违纪违法行为进行追责；另一方面是防微杜渐，不断总结事前监督和事中监督中存在的问题。从纪检监察工作的本意来说，事后监督环节必须有，但如果是到了这个环节才开始行动，那么工作就有些被动了。

目前对高校内部运行体系的监督和管理还不是很充分，一方面是监督预警的机制和制度不够健全、信息化程度不够，另一方面是监督能力还有待提高。如在内部廉政体系的建立和实施方面，没有充分发挥警示和教育的作用，使源头治理成效不明显。在外部的监管方面，相关职能部门难以真正"深入实际"，发挥监督管理的效能有限，如专项审计和检查大部分是事后进行的，发现问题为时已晚。在对广大师生员工的监督方面也存在薄弱环节，甚至个别环节监督缺失，如近年曝光的高校教师师德师风失范问题，其实，这些事情并不都是短期行为，有的已经发生好多年，是某一个人或某一个节点的某件事触发后才连带着被揭发出来，纪检监察部门也才知道并开始查办的，这一方面表明当前监察预警机制还存在短板，另一方面因为新时代各种违法违纪问题的出现具有更强的隐蔽性和复杂性，需要纪检监察机关提高识别本领、提高办案能力，不断健全和完善相关的制度。

四、高校廉洁文化体系建设投入不足的问题

廉政体系建设不仅是制度、规章的建设，还要有相关的文化建设、教育体系建设的投入。但是经过调研发现，高校当前对廉洁文化建设存在重视程度不高、投入程度不够等问题。如教育形式上主要依靠发文件、开会学习等灌输

式、单一化的形式；教育内容上主要是依据上级的要求，规定动作多，创新内容少；教育对象上，主要是针对中层及以上党员领导干部，缺少对普通教师及学生相关的廉洁教育；在廉洁文化建设方面也缺少相关的专项经费，主要是随着上级的要求走，或者随着学校的主题教育等契机而动。另外，随着网络教学方式的发展，可以创新性地将廉洁教育与学校的思想政治等教育环节相关联，与教职工的各种教学科研活动形成交互。但是高校纪检监察部门对廉洁文化建设工作的思考和投入不多，更是缺少对廉洁文化建设投入的长期性思考和规划。

目前也有一些高校成立了廉政建设研究中心，成立了相关的学生廉洁教育的社团，但是与全面从严治党和开展反腐败斗争的大环境要求相比，成果不多、成效不显著、发展规划不够、影响力不足，学校对这些研究中心的投入和规划也不足。

为顺应当下数字化发展的要求，高校廉政文化体系建设还应将大数据思维引入监督执纪问责的全过程，采用"制度+科技+大数据"的廉政风险防控新模式，将纪检监察与现代数字信息技术、现代管理制度有机结合，以高质量的"数字纪检"推动校园文化建设。通过数字化科技的引入，不断推进监督全覆盖，打造全面、科学、严密、高效的信息化监督体系，推动纪检监察工作朝着数据化、精细化方向发展，为全面从严治党、党风廉政建设和反腐败斗争插上科技的翅膀。

第三节　新时代高校廉政体系建设的任务

一、发挥反腐监督的警示作用

发挥反腐监督的警示作用是纪检监察部门开展廉政体系建设工作的首要任务。因为预防监督比惩治更有效，将不廉不洁行为杜绝在萌芽状态，付出的成本会更低，给学校及党的组织造成的影响也会更小。从理论上来说，制度和伦理对于社会人的行为可以进行有效的约束，引导其朝着规范的方向发展。高校党风廉政建设工作的开展除了依靠制度规范，还需要构建高校党风廉政的文化体系，这样会使党风廉政建设有更加夯实的基础、更加清朗的运行状态，使教师和学生都能依规办事，时刻有警醒的意识，有敬畏之心，时刻提醒自己更加自律，廉政治理的效能也会因此得以提升。

二、发挥廉政文化的净化引领作用

2005 年党中央颁布实施的《建立健全教育、制度、监督并重的惩治和预防腐败体系实施纲要》中提出要"大力加强廉政文化建设，积极推动廉政文化进社区、家庭、学校、企业和农村。"[①]"廉政文化是要以廉政理论为指导，以先进的廉政思想为核心，以先进的廉政制度为基础，以先进的文学艺术为载体的"[②]。高校落实这项要求就要构建好廉政体系，要对高校发展形势进行研判、对于高校党风廉政建设工作进行职责界定，并采取相应措施以确保党风廉政建设可以更好地教育人、引导人、净化人。廉政体系建设离不开对中华优秀传统文化的传承，如中国古代的家风家教如何在高校进行宣传和弘扬，党和国家领导人始终践行的廉洁教育、廉洁执政的观念如何融入学生的思想政治教育环节中等，都可以成为廉洁文化建设的重要内容。高校纪检监察部门可以通过开展形式多样的活动倡导文明、节俭的生活作风，普及健康高尚的生活情趣和休闲方式，建立被广大师生员工认同的廉洁从政"符号文化"体系，传播婚姻家庭伦理道德观念等。在文化价值多元化的挑战下，通过这些活动，不仅达到警示教育的目的，更重要的是要达到启智润心、净化心灵的作用，实现教育的引导效能。

三、发挥对大学治理创新的保障功能

1999 年，《中华人民共和国高等教育法》（以下简称《高教法》）颁布后，《教育部关于加强教育法制建设的意见》中要求高校尽快依据《高教法》等法规制定和完善大学章程。2007 年教育法规办公室公布《关于报送高等学校章

[①] 中共中央关于印发《建立健全教育、制度、监督并重的惩治和预防腐败体系实施纲要》的通知 [EB/OL]. （2005-01-03）[2023-08-15]. https://law.lawtime.cn/d357416362510.html.

[②] 张士义. 打铁必须自身硬：改革开放四十年党建史 [M]. 成都：天地出版社，2020：367.

程材料的通知》时，已有563所高校向教育部报送了大学章程草案。和大学章程相配套的其他促进以制度制约权力机制建设工作的事项还有：2011年教育部颁布的《教育部关于进一步推进直属高校贯彻落实"三重一大"决策制度的意见》中提出的凡是关于直属高校贯彻执行"重大决策、重要人事任免、重大项目安排和大额度资金运作事项（简称"三重一大"）必须由领导班子集体研究作出决定"的规范要求；2012年11月22日，教育部印发了《全面推进依法治校实施纲要》（教政法〔2012〕9号），进一步推进高校的法治化建设进程，之后又相继出台了《普通高等学校学生管理规定》《中国共产党纪律处分条例》《中国共产党普通高等学校基层组织工作条例》（以下简称《高校组织工作条例》）等，都从不同角度对高校的治理、党组织工作、学生管理等工作作出规定。

《高校组织工作条例》第四章专门对高校党的纪律检查机构职责作出规定，如下：

第四章　党的纪律检查工作

第十四条　高校设立党的基层纪律检查委员会（以下简称高校纪委）。高校纪委由党员大会或者党员代表大会选举产生，在同级党委和上级纪委双重领导下进行工作。上级纪委在监督检查、纪律审查等方面强化对高校纪委的领导。

实行向高校派驻纪检监察机构的，派驻纪检监察机构根据授权履行纪检、监察职责，代表上级纪委监委对高校党委进行监督。

第十五条　高校纪委设立专门工作机构，配备必要的工作人员。

高校党委视具体情况在院（系）级单位党委设立纪委或者纪律检查委员。党的总支部委员会和支部委员会设纪律检查委员。

第十六条　高校纪委是高校党内监督专责机关，履行监督执纪问责职责。主要任务是：

（一）维护党章和其他党内法规，检查党的路线方针政策和决议的执行情况，协助高校党委推进全面从严治党、加强党风建设和组织协调反腐败工作。

（二）经常对党员进行遵守纪律的教育，作出关于维护党纪的决定。

（三）对党的组织和党员领导干部履行职责、行使权力进行监督，受理处置党员群众检举举报，开展谈话提醒、约谈函询。

（四）检查和处理党的组织和党员违反党章和其他党内法规的比较重要或者复杂的案件，决定或者取消对这些案件中的党员的处分；进行问责或者提出责任追究的建议。

（五）受理党员的控告和申诉，保障党员权利不受侵犯。

高校纪委应当严格按照职责权限和工作程序处理违犯党纪的线索和案件，把处理特别重要或者复杂案件中的问题和处理结果，向同级党委和上级纪委报告。

当前的大学治理中，校党委会是高校的权力决策机构，校长是决策执行的主体，而学术委员会和教代会则是主要的决策咨询与民主监督权力的组织机构。对于上述权力关系如何实际运行，具体的方式与机制等细节问题，《高教法》《高校组织工作条例》都没有作出明确的法律规定。因此，为了保证大学内部权力的有效运行，各个高校根据《高教法》《高校组织工作条例》又制定了相关的具体议事规则。由于各学校的具体情况不同，对于《高教法》及各种条例的理解和认识程度不同，实际制定出来的运行规则会带有明显的本校特色，所以，特别需要纪检监察部门对这些权力的运行及制度的执行情况进行保障、监督，对在实际运行中边界模糊、权力拥有者敢于违规操作和越权操作等行为进行惩治。

四、推动开展党风廉政建设和反腐败斗争

党的十八大以来，全面从严治党的理念得到贯彻落实，对于高校而言，更加需要关注党风廉政建设和反腐败斗争在高校的持续推进，不仅自身要做好实际反腐败工作，还要做好相关的理论研究和阐释，并且将其与立德树人的根本任务紧密结合起来，塑造更好的政治生态，确保高等教育不会出现方向性偏差。高校纪委需要切实发挥自身效能，采取积极措施，引导党风廉政建设和反腐败斗争朝着更加纵深的方向发展，确保高校能够在党的领导下更好发挥主观能动性，营造风清气正的高校政治生态。

2022年修订的《中国共产党章程》第三条关于党员的义务中明确提出党员要增强"四个意识"、坚定"四个自信"、做到"两个维护"，贯彻执行党的基本路线和各项方针、政策[①]，这是对党员领导干部在新时代必须遵守的根本政治纪律和政治规矩的明确要求。"旗帜鲜明讲政治是我们党作为马克思主义政党的根本要求，也是作为共产党员的首要品质"[②]。新时代背景下的高校廉政体系构建要求在党中央集中统一领导下，将高校的党建工作与业务工作紧密相连，发挥主观能动性，结合教职员工思想实际和认识特点，以制度建设为抓手，推动凝聚共识、夯实责任，以关键少数带动"绝大多数"。

首先，要提高认识、加强学习。思想是行动的先导，在贯彻落实党风廉政建设和反腐败斗争任务的过程中，只有思想上认识到位，理论上才能更为自觉。高校纪检监察部门要经常采用各种形式组织教师学习，将思想政治教育放在首要位置，不断提升政治素养，夯实政治站位，人人践行"明大德、守公德、严私德"的标准。还要结合主题教育及相关内容的学习，使广大教职员工了解基本的党规党纪，保持对党的教育事业的忠诚，保持党员领导干部的先锋模范作用，保持教师"学为人师、行为世范"的风范。开展高校的党风廉政建设，还需要不断地明确和细化关键问题，紧盯问题节点，如图书发行、工程招标、教材征订、物资采购、招生分配等易出现贿赂、违规等问题的环节，通过运用"第一种形态"，经常开展谈话或提醒，减少问题的发生，通过树立正面典型和反面典型的方式，开展好民主生活会，开展好廉政警示教育，使广大教职员工筑牢思想防线，形成不愿腐的认识自觉。

其次，要健全制度、完善机制。党风廉政建设过程中，要通过建制度、建机制，进一步明确学校的党风廉政建设责任，构建权责清晰、层次分明的责任体系，为形成良好的政治生态提供制度保障。从微观角度来看，需要关注的细节有很多，如对于学校乱收费的行为进行管理，要制定更加健全的收费执行标准和规范，避免出现超标准或者超范围的情况，对于自立项目收费的行为进行惩处；严格依照收费管理制度来做好实际工作，确保各项经费的收缴和使用都能够公开公正，及时通过正规渠道向师生员工公布；对于实际收费过程进行更加精细化的监督和检查，遇到乱收费的案件，需要迅速查处。再如，要通过健全

---

① 中国共产党章程［M］.北京：人民出版社，2022：26.

② 二十大党章修正案学习问答［M］.北京：党建读物出版社，2022：126.

的制度，加强高校的师德师风建设，强化师德教育工作。对于在实际教育教学过程中侮辱学生、体罚学生、歧视学生、向学生索要物品的行为进行严肃惩处；建立校务公开机制，确保依法治校的各个环节都能够实现阳光化运作；等等。

第四节　高校廉政体系建设面临的风险分析

当前文化领域的意识形态多元化对高校廉政体系建设提出了诸多挑战，不仅对制度建设的时机及形式提出挑战，对体系的内容选择、逻辑的构建也都提出了挑战，如果这一体系没有做到精细化，那么可能暴露于各种风险面前，或者是发生难以应对的问题，对高校的持续发展造成不良影响。当然，不同类型风险的实际产生机制是不同的，要对不同类型风险有正确全面的认知，这对于更好地认识高校党风廉政建设工作是至关重要的。

一、高校廉政体系建设面临的风险类别

（一）干部选拔任用的风险

高校的干部选任体制是依照《党政领导干部选拔任用工作条例》的基本原则，结合高校的治理特点设计的流程进行的。由于各学校的情况不一样，在此环节的制度建设方面仍然存在着不尽如人意的地方，如在干部选用的时候，选用流程不透明或者是"形式化的透明"，导致民主集中制度难以发挥效能，群众意见和建议难以有效反馈的情况；在干部选用的执行标准上，上级领导的个人意见重于基层群众的客观评价、关注学历和文凭而忽视实际教育教学能力、关注业务工作技巧忽视思政素质、关注任前考核忽视任后考核监督；对于一些能力不足，群众反馈不良的干部没有进行迅速的处理和调整等问题。这些问题的出现都会成为纪检工作的主要案件来源，因此，纪检监察部门理应配合相关部门做好制度建设及对相关的工作环节做好监管。

（二）基本建设管理的风险

随着高等院校扩招，办学规模在不断扩大，高校对经费的自主使用权限也

在不断增大，高校的硬软件基础设施建设已成为比较常态化的工作，高校会在基础建设方面、工程修缮方面进行积极投入。在高等教育的扩招及高质量发展等要求下，投资金额将呈现出不断上升的趋势。由于公务采购和管理市场化的要求，当前在基建领域的风险点已经减少了很多，但是仍有个别人怀有侥幸心理作出一些索贿受贿的行为，比如在勘探环节、设计环节、招投标环节、监理环节、验收环节都可能存在"猫腻"。一些不法建筑商为了获得工程，想着办法从学校相关领导那里找"突破口"，如果某领导干部出现私欲膨胀、意志薄弱，那么就会出现犯错误的风险。事实也证明，目前报道的高校违纪违法案例中，多数都与基建费用的使用有关系，可见防范这一风险的重要性。

（三）物资设备采购的风险

高校开展各项教育教学工作和科研工作需要大量的物资保障，如教材图书资源、基础建设材料、食堂食材、教学的仪器设备、实验材料等，在实际采购中，需要涉及购货渠道、价格因素、商品信息等，如果负责采购的人出现了私心，制度建设又存在漏洞，那么可能导致与关系单位里应外合形成利益链，甚至会导致采购到的是质量低劣的产品而影响教育教学工作，影响到师生员工的切身利益。

（四）招生工作的风险

高校招生是以分数为基准的，在分数面前，必须要保证人人平等，才能够最大限度地体现出教育的公正性。但是随着自主招生权的不断扩大，教育的公正性会因为个别人的违规操作而开始慢慢发生改变，这些都可能对于招生的公平性和规范性造成不良影响。也就是说，党风廉政建设工作不到位，廉政制度体系不健全，可能使招生环节出现廉政风险。

其他环节（如财务收支环节、党费收缴及使用环节、各种评先评优环节、职称晋升环节、工程的招标评审环节、固定资产处置环节、科研经费的使用等环节）都可能会存在风险。表1-1是某高校总结的廉政风险防控风险点及防控措施。

表1-1 ×××大学廉政风险防控风险点及防控措施

风险点	风险情形	风险等级	负责人及责任人	防控措施	防控制度
学校财务预算制度	不能按规定完整编制学校预算，不能按此批复预算严格执行	高		严格按规定完整编制学校预算，经学校党委会审定，严格按此批复预算执行	《××大学财务管理办法》
收支管理	各项收支不能按照规定严格纳入学校财务部门统一管理和核算；存在"小金库"问题	高		各项收支严格按规定纳入学校财务部门统一管理和核算；严格按要求查处"小金库"问题	《××大学收费及票据管理办法》《××大学财政直接支付实施意见》《××大学公务卡管理办法》《××大学差旅费管理办法》
学校教育收费	不能严格执行教育乱收费治理工作责任书，存在超范围、超标准的收费行为，预算外资金等非税收收入不能严格执行"收支两条线"的规定，不能及时缴存财政专户	高		严格杜绝超范围、超标准的收费行为，预算外资金等非税收收入严格执行"收支两条线"的规定，及时上缴财政专户	《××大学收费及票据管理办法》《××大学学分制收费管理办法》《××大学学生缴费管理办法》
学校财务制度执行	高校结余资金不能按财务制度有关规定及时处理	高		严格按财务制度有关规定及时处理高校结余资金	《事业单位会计准则》《事业单位会计制度》《高等学校会计制度》
中央八项规定执行情况	滥发奖金、津贴补贴以及铺张浪费等问题，不能严格执行《党政机关国内公务接待管理规定》《党政机关厉行节约反对浪费条例》，不能严格控制"三公经费"，不能厉行节约，能源消耗和运行费用超支，党员领导干部出入私人会所、变相公款旅	高		严格执行《党政机关国内公务接待管理规定》《党政机关厉行节约反对浪费条例》，严格控制"三公经费"，厉行节约，严格控制能源消耗和运行费用支出，严格控制校园建设标准	《党政机关国内公务接待管理规定》《党政机关厉行节约反对浪费条例》

表1-1（续）

风险点	风险情形	风险等级	负责人及责任人	防控措施	防控制度
	游问题，领导干部利用婚丧、喜庆、乔迁履新、就医、出国等名义收受下属以及有利益关系单位和个人礼金礼券，存在挪用公款、互相宴请、赠送节礼、高档消费等问题				
党费的收缴管理和使用	党费汇总，统计数额与实际收缴数额不符，未按规定使用党费，对下拨的党费使用情况缺少监督	高		严格执行中共中央组织部关于党费收缴标准的规定；党费并入财务处，代收部门按时向省委上缴学校党费，严格按照规定使用党费，加强对下拨党费使用情况的监督，及时通报党费使用情况，接受全体党员监督	《××大学党费收缴使用和管理暂行办法》
干部选拔任用	选拔任用制度不完善，未严格按程序推荐干部；推荐统计和结果分析不准确；未按规定考察干部和撰写考察材料；考察汇报与考察实情有出入；干部选拔工作纪律执行不严，透露相关信息；对公示期间反映的问题未认真进行核实	高		进一步规范干部选拔任用工作程序，严格按照要求确定民主推荐范围，严防干部选拔任用过程中的信息透露和拉票行为，进一步规范民主推荐程序，确保统计分析结果准确；合理运用分析结果；严格按照要求确定考察范围，如实撰写考察材料和汇报考察情况；对公示期间反映的问题及时核实并向党委汇报	《××大学干部管理办法》《××大学处级干部选拔任用工作实施细则》《××大学科级干部选拔任用工作实施办法》

表1-1（续）

风险点	风险情形	风险等级	负责人及责任人	防控措施	防控制度
党内评先评优	对申报材料审核不严，对评审条件执行不严	高		严格把关，对申报材料进行认真审核，严格按照学校相关文件规定公平公正评定	《××大学评选表彰先进基层党组织优秀共产党员和优秀党务工作者实施办法》
党员发展审批	未按照规定程序发展党员，未严格执行党员发展的标准和纪律要求，未严格审查党员发展材料	中		严格按照党章规定发展党员，坚持标准，宁缺毋滥；坚持组织发展，过程公开公正透明，按规定及时公示；严格审核党员发展材料	《××大学发展党员工作实施办法》
干部监督和管理	干部监督和管理不到位，干部考核不规范	高		严格按照要求管理和考核干部；接受各方监督，对违规违纪者追究相关责任；严格领导干部个人事项报告	《××大学干部管理办法》《××大学干部考核实施方案》《××大学处科级干部请销假制度》
基层组织建设	基层组织建设工作制度不健全、换届不及时、管理不力	中		严格按照党章和党的建设相关规定加强基层党建，完善相关规章制度；严格执行基层组织换届、改选规定	《关于进一步创新调整高校基层党组织设置的实施意见》
工程报建审批	工作人员责任心不强，不积极主动与相关职能部门联系沟通，造成相关手续不能按期办理，影响工程正常进展；缴纳相关费用时不根据国家相关政策法规据理力争地为学校争取费用减免	高		在工作中认真学习，熟悉国家及省市的相关政策法规，同时牢固树立主人翁意识，增强责任心，积极主动完成自己的职责任务	《××大学基建工程前期工作管理办法》

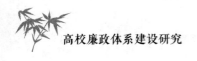
表1-1（续）

风险点	风险情形	风险等级	负责人及责任人	防控措施	防控制度
工程招标	前期不经过认真考察，不提出具体招标原则、范围、资质等要求，不认真标示标底，不讨论总造价让利比例，造成工程中标价虚高	高		严格遵循国家相关法律法规，成立专门的工作小组，并安排专人进行全程监督	《××大学基建工程招投标管理办法》
材料认质认价	不考察市场行情、材料价格，不报经学校领导同意，采购不到质优价廉的材料，浪费基建资金	高		定期了解材料市场行情及价格，会同监理方及学校相关职能部门全程参与材料认质认价工作，并报请领导同意后确定	《××大学基建工程施工管理办法》
材料进入现场	不严把材料进场质量关，影响工程质量	高		会同监理方对进场材料与样品认真核对，严格进行质量验收，及时取样送检，在施工中不定期进行材料质量抽检	《××大学基建工程施工管理办法》
工程签证	不了解工程的具体情况和功能，不能及时和使用部门协调沟通，出现不必要的工程签证或返工签证，造成工程造价增加	高		及时向主管领导汇报，并与设计方、监理方、使用部门协调沟通，避免出现不必要的签证和返工	《××大学基建工程施工管理办法》
职称评聘	在职称评审材料的审核、评审、聘用中营私舞弊、任人唯亲、不公开、不透明	高		严格执行省、校关于职称评审的相关规定，强化职称评聘过程中的纪律性、规范性、制度化	《××大学教师专业技术职务聘任解聘管理暂行办法》
人才引进	人才引进的接待、考试、录用、审批过程不合规范，存在营私舞弊、任人唯亲现象，不严格按制度办事	高		严格执行省、校关于人才引进的相关规定，强化公开招聘程序纪律性、规范性	《××大学人才引进管理暂行办法》

表1-1（续）

风险点	风险情形	风险等级	负责人及责任人	防控措施	防控制度
教职工福利工资	校内工资津贴的审核不严	高		严格执行省、校关于福利工资的相关规定，强化福利工资工作的规范性，控制错误	《××大学教职工津贴暂行办法》
物资采购工作	在物资采购和招投标活动中，存在违反国家关于政府采购法律制度和招投标制度及学校规定，对国家和学校利益造成损失	高		重大物资采购项目先组织相关专家论证，并提交学校会议审定，严格执行政府招投标规定，规范采购行为	《××大学物资采购管理办法》《××大学招标投标及合同管理办法》
国有资产管理工作	各占有与使用学校资产的单位，对所占用的国有资产负使用保管和维护责任，资产购置、验收、保管、领用、回收等内部管理制度不健全，国资处对实物资产不能进行定期清查，不能做到账账、账卡、账实相符，使国有资产流失和浪费	高		对新采购物资做好资产验收、登记、入账工作，不定期进行资产核查，严格账款物管理	《××大学国有资产管理实施办法》
固定资产处置	固定资产处置不能按照审批权限进行，收入不能按照规定入账	高		学校资产处置的价值、具体规定限额、资产处置程序及处置权限严格按照省教育厅、省财政厅的具体规定执行，履行严格的审批手续，资产处置残值全部上缴学校财务	学校严格执行省教育厅、财政厅规定，校内执行好《××大学国有资产管理实施办法》

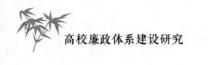

表1-1（续）

风险点	风险情形	风险等级	负责人及责任人	防控措施	防控制度
组织申报科研项目、科研成果奖励及科研成果认定等环节	在组织开展科研项目申报，开展各类科研成果奖励申报等工作过程中，存在因学科分类不同、评审专家廉政意识不够、个人学术倾向及主观印象等因素，产生评审不公、挫伤科研人员科研积极性的风险，对申报材料审查方面可能出现错漏，对各项信息处理得不妥当	高		加强理想信念教育，认真学习党的路线方针政策，通过举办讲座讨论会、集中学习等方式开展教育活动，引导干部职工明确岗位职责和廉政职责，正确看待和运用手中权力，筑牢反腐倡廉思想道德防线。同时注意提高工作人员的素质与修养，严肃劳动纪律，严格办事流程，深化服务意识，提高办事效率，努力培养一支思想过硬、作风优良、清正廉洁、业务精通的科研管理与服务队伍	《××大学科研项目管理办法》
科研专项经费，学科建设、科研项目经费等使用	可能存在对经费支出票据审核不细、把关不严问题，未按相关经费管理制度进行使用和审批，造成经费使用不规范	高		严格按照《××大学科研项目管理办法》《××大学科研经费管理办法》的规定进行科研经费使用的管理与监督，注重创新探索部门各项资金管理新模式，从源头上防范资金管理使用方面的风险，确保资金安全有效使用	《××大学科研项目管理办法》《××大学科研经费管理办法》
学校图书馆图书采购	图书折扣不明确，出现盗版图书，图书采购不符合学校教学科研需求	高		严格按照图书采购管理办法执行，采取实洋结算方式，保证图书采购质量，杜绝盗版图书，保证图书采购工作的规范性、科学性、公开性	《××大学图书采购管理办法》

表1-1（续）

风险点	风险情形	风险等级	负责人及责任人	防控措施	防控制度
学校教材采购	教材折扣不明确，出现盗版、劣质教材；教材采购不符合学校教学要求，利用职权私自指定不符合规范的出版社，营私舞弊，牟取私利	高		严格按照教材采购管理办法执行；保证教材质量，杜绝盗版教材；保证教材与教学大纲一致，保证教材符合教师、学生教学需求，保证选用优秀教材，保证教材采购工作的规范性、科学性、公开性	《××大学教材采购管理办法》

材料来源：道客巴巴，https://www.doc88.com/p-3793853534009.html.2019-05-21

二、高校廉政体系建设风险产生的原因分析

高校党风廉政建设过程中之所以会遇到如此多的风险，有很多主客观因素的影响。习近平总书记在党的二十大报告中指出："腐败是危害党的生命力和战斗力的最大毒瘤，反腐败是最彻底的自我革命。只要存在腐败问题产生的土壤和条件，反腐败斗争就一刻不能停，必须永远吹冲锋号。"[1]就是说，只要拥有权力的人遇到利益的诱惑，有权、色交易的可能性，腐败问题就会潜在存在。古人曾言"物必先腐而后虫生"，马克思主义哲学也阐释了"内因是根据，外因是条件，外因通过内因起作用"的道理，因此需要对廉政风险的产生做好分析，铲除腐败问题出现的土壤和条件。

下面对高校廉政体系建设过程中出现的各种风险的主要原因进行分析。

（一）对党风廉政建设工作重要性认知不够

受到市场经济发展过程中一些经济利益因素的诱惑，少数党员干部出现了"三观"扭曲的倾向，常见的有攀比心理、从众心理、侥幸心理、补偿心理和"天花板"心理等，在面对各种诱惑时，难以正确地处理个人得失与群众利益

①本书编写组. 党的二十大报告辅导读本［M］. 北京：人民出版社，2022：62.

之间的关系，如果再加上其身边存在腐败现象的影响、有腐败温床的存在，便会慢慢产生腐败行为，对自己的行权用权如何能换得个人私利的问题就会"增加思考"，逐渐地会将手中的权力看作谋求私利的手段，而对于党和国家反复提出的党风廉政建设工作的重要性明显认知不够或者视而不见。

拿"攀比心理"来说，常言道："没有比较就没有伤害"，有攀比心理的领导干部经常会拿自己所谓短处去与别人所谓长处作比较，经常以市场价值衡量自己，把金钱看得过重。在这种心理驱使下，只要遇到比自己强的人就会产生心理失衡，就要想办法超越对方。如果是正常积极的发展动力还好，当这些人通过正常途径难以实现超越的时候，便会想到歪门邪道，如组织结成利益集团和权势团体，自己充当代言人或保护伞等，利用自己手中的权力变相、间接谋取利益、向上爬等。怀有"从众心理"的干部通常会选择与腐败分子同流合污，个人的意志往往被集体认知所裹挟，在潜意识里默默认同了所谓"潜规则"，认为"拿人钱财，替人办事"是一种社会常态，慢慢地从"蝇贪"变成了"巨腐"，甚至成为"抱团腐败中的主要人物"。有的领导干部在党的十八大后明知全面从严治党在朝着严紧硬的方向发展，却仍然怀着侥幸心理，不收手、不收敛，总认为那些处分离自己很远，我"不吃拿卡要，只收点'感谢费'"也是人之常情，不属于腐败，或者认为东窗事发是自己的运气不好。还有的领导干部，对于自己部门内部出现的很多微腐败行为视而不见，放任不管，没有及时提醒，没有进行批评教育，没有切实地发挥监督制约的效能，最终导致铸成大错。这一切问题的产生就是由于对党风廉政建设和反腐败斗争的重要性认识不足、站位不高，所以难以从顶层设计的高度进行制度性建设和进行整体规划设计。

（二）对廉政建设工作的宣传教育不给力

从全面从严治党所取得成效的整体角度来看，高校党风廉政建设的宣传教育工作成绩是比较好的，所取得的实际成效也比较明显，但是从推进反腐败斗争向纵深发展的角度来看，高校的廉政体系建设过程中对廉政思想的宣传教育工作做得还不够。比如很多高校纪委没有将廉政建设的宣传工作与思想政治教育、法律法规教育相结合，也没有将其放在宣传工作的重要位置上，宣传教育的体系不完善、宣传教育的深度和广度不够，难以形成有效的廉政教育氛围。

部分高校在开展廉政宣传工作的时候，存在形式化的倾向，一般性的文件传达或者制度条款的教育占比较大，而结合本校实际有效融入学校整体工作的教育宣传很少，有针对性地开展的活动更少，由此导致教育宣传的效果不理想。

由于部分高校对开展党风廉政建设的宣传工作不够重视，还会导致师生员工难以很好地了解纪检监察部门的工作内容和重点，不知道本校纪检监察部门开展过哪些有影响力的工作，什么样的行为属于违规违纪的，纪检部门的重要性如何体现等。纪检监察部门不但没有形成警示教育效果，更难以形成纪检工作的威慑力和影响力，因此，上下级之间奉行的是好人主义、一团和气，该管的不管、该批评的不批评、该教育的不教育，助长了一些歪风邪气的形成。由于教育宣传不到位，纪检监察部门没有培养出自己的"千里眼""顺风耳"，群众也不能重视发挥好监督的作用，发现了一些问题不能、不敢、不会及时反映，导致腐败问题逐渐由小到大。

（三）廉政制度体系的架构不健全

党的二十大报告中明确提出：教育、科技、人才是全面建设社会主义现代化国家的基础性、战略性支撑，并提出科技是第一生产力、人才是第一资源、创新是第一动力。这就要求新时代的高校必须成为人才培养的重要战略高地，培养造就出大批德才兼备的高素质人才，为党和国家建设事业提供坚实的人才保障。

随着高校战略地位的提升，高校的发展速度会加快，随之相关的制度规范体系也要跟得上，但是大部分制度的出台都是因为有了问题和思考后才作出来的，所以不科学、不严谨、不完善的地方会时常出现，这对高校的廉政体系建设同样也是一个挑战。只要有漏洞的存在，只要有不完善的地方，就会有人产生投机心理，就会有人钻政策的空子，从而影响制度的运行、政策的落地。例如，由于制度不健全，一些学校领导班子成员分工不是很明确，权力很有可能会过度集中在某些人手里，于是，在组织人事环节、财务管理环节、基建设备环节等都会产生潜在的风险。由于存在信息不完全公开、细节不透明的情况，相应的处置措施又不到位，这样就可能衍生出腐败问题。再如，在内部财务审计监督制度不健全的背景下，腐败行为往往很难被发现，这样就给腐败现象提供了发展的"温床"，腐败问题悄然发生着，在巡视时发现或无意中发现的时

候，却为时已晚。部分高校在制度建设过程中，将焦点放在上层设计上，忽视了具体制度建设，使制度建设系统性不强，各种制度之间甚至存在相互抵触的情况，这样也会对后续制度监督造成不良影响。

（四）廉政监督体系建设迟滞或监督无力

高校是知识分子高度集中的地方，高校的领导干部和师生对于民主的认知是比较深层次的，并且愿意参与到各种民主监督活动中，也有民主监督的能力和素质。实际工作中，高校虽然有纪检部门、监察部门、审计部门，还有职工代表大会、民主党派监督、群众监督、舆论监督等渠道，但是监督体系的效能并没有得到很好的发挥，监督主体不是很明确，监督机构运行失常，导致很多监督工作没有有效地开展。在监督程序上，往往会将事后监督作为主导，多数都是亡羊补牢的举措，使得监督的效力不强。部分高校党风廉政建设的全局性规划是比较到位的，但是在多维度监督方面仍处于建设迟滞不到位的状态，对监督指标工作的量化管理难以实现，监督措施和办法也比较单一，这样使得监督人员难以有效地参与到实际监督工作中。还有部分高校的纪检监察部门，因为受到同级别党委和行政领导的管辖，自身组织不健全，实际配备的人员也不足，没有足够的精力和能力胜任对应的监督工作，导致在案件受理之后难以有进展，也不能进行有效处理，在规定的时间，草草结束，使高校的监督体系难以形成并发挥作用。

学生是高校中数量最多的人群，是学校的基本成员，是祖国的未来、民族的希望。习近平总书记在学校思想政治理论课教师座谈会上曾经谈到，目前，我国各级各类学历教育在校生达到2.7亿人，全国各类高等教育在学总规模达到3779万人。青少年阶段是人生的"拔节孕穗期"，这一时期学生心智逐渐健全，思维进入最活跃状态，是最需要精心引导和栽培的。作为受教育的对象、管理的对象，同时是自我教育的主体、学校治理的参与者，学生的发展情况对学校的发展至关重要。"蒙以养正，圣功也"，高校的治理工作就是要通过教育指导学生形成正确的思想，引导他们走正路，因此需要从各个角度调动学生的积极性，提升学校治理的参与率，提升学生对建设廉政体系、开展廉洁教育等工作的监督及参与效果。

（五）领导责任制度体系建设不到位

完善高校内部治理结构，健全高校权力运行模式，通过制度体系建设明确领导责任是探索建设中国特色世界一流大学的必要环节。在以中国式现代化全面推进中华民族伟大复兴的历史进程中，大学承担着为人民服务、为中国共产党治国理政服务、为巩固和发展中国特色社会主义制度服务、为改革开放和社会主义现代化建设服务的重任。因此要有相关的领导责任制度体系来保证任务的落实和监督。

从对高校治理体系和责任制度的规定来看，目前公办高校均实行"党委领导下的校长负责制"，学校党的委员会和校长是最主要的决策机构和权力主体。其中校党委会是高校决策权力机构，校长是决策执行主体，而学术委员会和教代会则是主要的决策咨询与民主监督的权力组织与制度。但目前对于上述权力关系的实际运行过程应该如何设计，采取什么样的具体方式与机制，《高教法》《高校组织工作条例》中没有作具体的规定。为了保证大学内部权力的有效运行，各个高校需要根据《高教法》《高校组织工作条例》制定具体的议事规则作为处理权力关系的具体机制。但是由于高校的权力所有者对《高教法》等法律法规理解和认识的不同，其实际制定出来的权力运行规则具有明显的校本特色。另外，若高校对相关的议事规则使用没有严格的监督机制，也可能导致出台的领导责任制度效力非常有限的问题，其对权力的实际约束力也因此显得非常有限。这正是权力实际运行中边界模糊，权力拥有者敢于违背程序和越权操作手中权力的重要原因。

由此可见，党风廉政建设责任落实不应仅仅停留在文件和口头上，如果没有对责任进行细分，或者领导不能在责任书上签字，或者是签字之后仍然缺少监督落实，都会导致权责不明、机制空架等问题的出现。还有的高校，对责任考核体系的构建弱化，没有系统性，也缺少科学设计，考核程序随意性比较大，考核指标内容难以细化，多数情况下都是依赖纪检监察部门提供材料或者"画像"，对考核结果没有公示或者反馈。还有的学校领导班子成员，在遇到下属出现违法违规行为时，不敢大胆阻止，也没有追究其责任，在调查对应连带责任过程中，存在追究态度不端正，以大事化小、小事化了的姿态去应对等问题，这样也使得责任制度的效能难以有效发挥。

第五节　高校廉政体系建设高质量发展的要求

进入新时代以来，党的建设新的伟大工程取得了举世瞩目的成就，解决了党内许多突出问题，全面从严治党制度体系建设在与时俱进，但坚决打赢反腐败斗争的攻坚战持久战需要不断提高党的建设质量，高校廉政体系建设也需要依照高质量发展的要求进行建设和完善。

一、回归大学精神，奠定党风廉政建设之魂

《大学》中提出了大学的三个宗旨，即"在明明德，在亲民，在止于至善"，大学需要保持自己的独立性、公立性、高尚性、美好性、自由性、纯洁性，才能使社会的良知和社会的文明传承下去，更何况当前全面从严治党的大形势为大学的发展注入了新的时代内涵和动力。如同曾任清华大学校长的梅贻琦先生所说：大师，要有大学问，还要有大德。如果说大学是水，那么大学老师就是大鱼，学生就是小鱼，教育的过程就是游泳的过程，教师需要在前面进行引导，学生在后面模仿，教师的人格和行为模式会渐渐被学生所继承，这样才能够慢慢塑造独立之精神、自由之思想。因此，在高等院校不断发展过程中，在建设世界一流大学和世界一流学科过程中，在实现高等教育强国梦想过程中，要以大学精神为导向，不要仅仅关注表面的发展，还要注重内涵的拓展，把大学建设成为受人尊敬、有高尚品格的世界一流大学。坚持立德树人，建设有德性、有思想、有创造能力、有特色的高等学府，坚决秉持大学精神的初衷，在此基础上开展党风廉政建设工作就更可以做到有的放矢，推动党风廉政建设体系构建新格局就更加有所依归。

二、推进大学治理朝着科学规范的方向发展

高校中出现党员领导干部违纪违法的问题，实际暴露的是大学治理的漏洞，需要不断采取措施完善大学内部治理结构，确保形成系统完整的利益平衡

机制，协调好内部政治权力、行政权力、学术权力之间的关系，确保能够各尽其责，合作协同，推进形成良性的学校内部治理格局。

为此，需要做好的工作主要有以下几点。

其一，高校要执行好党委领导下的校长负责制。党委领导下的校长负责制是具有中国特色的高等教育制度，是高校廉政体系建设的前提和依据。根据《高校组织工作条例》《高教法》《关于加强和改进新形势下高校思想政治工作的意见》《关于坚持和完善普通高等学校党委领导下的校长负责制的实施意见》等文件的规定，党委统一领导学校工作，校长主持学校行政工作，"必须坚持党委的领导核心地位，保证校长依法行使职权，建立健全党委统一领导、党政分工合作、协调运行的工作机制。要合理确定领导班子成员分工，明确工作职责。领导班子成员要认真执行集体决定，按照分工积极主动开展工作"[1]。党委在学校中处于领导核心地位，统一领导学校的工作，需要完成管方向、管全局、管干部、管人才以及党要管党等十个方面的主要任务；校长是学校的法定代表人，在党委领导下，贯彻党的教育方针，组织实施党委决议，行使国家法律规定的职权，全面负责教学、科研、行政管理工作。党委领导是校长负责的前提，校长负责是落实党委领导的基础，校长负责主要是负责落实党委的领导，执行党委的决议，把党委的决议转化为贯彻落实的行政措施和行为。如果这一关系理不清，那么容易出现党政不分、党政矛盾、以党代政或者互相推诿扯皮的问题。[2]

其二，处理好党政权力与民主权利之间的关系，深入贯彻执行民主管理制度。在内部治理结构完善过程中，需要切实发挥民主的力量和效能，积极建立党务公开制度和校务公开制度，确保师生可以了解信息，实际参与到民主管理、民主监督工作中。按照《中国共产党党务公开条例》第十二条的规定，党的纪律检查机关应当公开的内容包括[3]：

（一）学习贯彻党中央大政方针和重大决策部署，坚决维护以习近平同志为核心的党中央权威和集中统一领导，贯彻落实本级党委、上级纪律

---

[1] 关于坚持和完善普通高等学校党委领导下的校长负责制的实施意见 [N]. 中国教育报，2014-
　　10-16（1）.

[2] 靳诺. 处理好三个关系 [J]. 求是，2014（12）：45-46.

[3] 十八大以来廉政新规定 [M]. 北京：人民出版社，2022：114.

检查机关工作部署情况；

（二）开展纪律教育、加强纪律建设，维护党章党规党纪情况；

（三）查处违反中央八项规定精神，发生在群众身边、影响恶劣的不正之风和腐败问题情况；

（四）对党员领导干部严重违纪涉嫌违法犯罪进行立案审查、组织审查和给予开除党籍处分情况；

（五）对党员领导干部严重失职失责进行问责情况；

（六）加强纪律检查机关自身建设情况；

（七）其他应当公开的党务。

其三，还要积极建立学校教职工代表大会制度、学生代表大会制度，确保广大师生的民主管理权利得以行使。我国公办高校内部的党委会、校长与校长办公会、学术委员会和教代会之间实际上是一种校党委一元权力领导下的分工负责体制机制，"四会"之间是直接或间接的领导与被领导和层层负责关系。校党委会通过把握办学方向，掌握重要人事任免、重大机构与制度立废、重大财务等方面的终决权，获得了学校最主要的权力资源，与其他委员会形成直接或间接的领导关系。其他各委员会分别负责有限范围的权力职责，和党委会之间是上下负责关系。上级领导享有对下级主要权力主体负责人的提名、任命权，以此形成对下级权力主体行为的监督和约束。因此，可以说，提名任命机制是这一机制的具体手段，保证了权力上下负责关系的维持。

其四，处理好集体领导和个人分工负责的关系。《中国共产党章程》第十条第（五）项规定："党的各级委员会实行集体领导和个人分工负责相结合的制度。凡属重大问题都要按照集体领导、民主集中、个别酝酿、会议决定的原则，由党的委员会集体讨论，作出决定；委员会成员要根据集体的决定和分工，切实履行自己的职责。"[1]这一规定已执行多年，始终明确的是高校的党委会是最高决策机构和领导核心，党委会作出决策始终是遵循"集体讨论，作出决定"的基本原则，党委全委会、党委常委会等都是以会议的形式运行，各委员会则各司其职。其具体决策机制是通过"记名或无记名投票、举手表决和过问"等方式以会议形式议决。高校党委的领导是集体领导而不是党委书记个

---

① 中国共产党章程［M］. 北京：人民出版社，2022：33.

人领导，是党委委员集体决策而不是党委书记个人决策。高校中，除校长权力具有个体性外，其他权力主体都是以"集体"的形式构成，通过"集体讨论"和"民主集中"的方式作出决策，如党委会的决策，学术委员会和教代会的议事方式。权力主体"集体化"的目的正是为了防止决策权力的个人专制化，这与社会主义民主政治的决策体制机制要求相符，也是纪检监察部门对高校决策运行机制的合法合规性进行监督的主要依据。

三、秉持依法治校原则，确保大学章程得以落实到位

从本质上来讲，党风廉政建设的落脚点是使各项工作坚持以依法治校的原则展开，确保学校各项教育教学科研活动能够依照章程来开展和落实，能够朝着合规的方向发展，形成廉政氛围。高等学校章程是"高等学校依法自主办学、实施管理和履行公共职能的基本准则"[①]，大学章程是能够保证依法治校高质量发展的基本依据，需要将关注点放在如下几个环节。

其一，确保高校领导、教职工、学生能够正确理解、认可和支持大学章程。没有得到广大师生员工理解和支持的大学章程难以被贯彻执行到日常的教学科研活动中，这样也不利于合规文化氛围的构建。从这个角度入手，需要强化在章程制定时的广泛参与度，强调章程制定后组织的深度解读和学习，开展各项专题学习活动，开展教育培训活动，使得更多的教师和学生了解章程、理解章程、认同章程，并愿意以章程的内容、原则首先约束自己，再能利用章程内容参与对学校事务的监督管理。

其二，依据大学章程优化完善相关制度。大学章程是大学运行的校内"宪法"，具有法的性质，是在法律规定的前提下运用民主的方式制定出的规范性文件，是规范大学依法履行教育职能而制定的具有公共职能的规范性文件。要实现高质量依法治校，就需要按照大学章程的诉求对于各项管理制度进行调整和完善。如果不符合大学章程的，需要及时进行修改或者废止。如果已经存在的制度与其他制度存在不吻合的情况，也需要结合大学章程的初衷来进行调整。对于在大学章程贯彻执行中，不执行、部分执行、执行偏差的行为要进行

---

① 高等学校章程制定暂行办法［EB/OL］.（2021-1-1）［2023-08-15］. 中华人民教育部，www.moe. gov.cn/jyb_xxgk/xxgk/zhengce/guizhang/202112/t20211206_585109.html.

惩处，确保充分发挥章程的权威性，提高高校治理水平。

四、健全完善全方位的权力监督体系

对于高校腐败案件进行调研会发现，一些高校顶层领导干部权力过于集中，并且处于监督缺位的状态，这是导致党风廉政建设工作失去效果的重要原因之一。为了改变这种局面，在实际工作中要健全权力监督体系。

（一）重视校务公开制度的贯彻执行

确保校务公开的范围不断延展，强化对于重点环节信息的公开，尤其是在干部选拔、职称评定、业务考核、招生程序、工程招标、物资采购、科研经费管理等环节，确保过程和结果信息透明公开，使得权力运行处于阳光下，广大师生和社会人员借助这样的信息公开机制也可以更好地发挥自身的监督权。同时要协调好行政权力和学术权力之间的关系，确保以学术权力为本位，行政权力要转变自身职能，为教育教学做好服务，树立尊重学术权力的价值观，提高学术委员会的地位，建立完善的学术委员会制度，确保各委员会在制度建设引导下发挥好自身效能。

（二）构建完整的权力监督体系

高校健全完整的监督体系主要是负责对学术、行政系统的监督与制约，是高校维持稳定、高效运转的保障。目前我国高校内部普遍设立了由教师和职员共同组成的教职工代表大会（简称教代会）、工会以及学生代表大会，在学院层面设有教代会小组、工会分会和学生小组，负责监督与教职工、学生等主体利益相关的事项。为了实化民主管理与权力监督，需要成立由教职工代表以及学生代表组成的监督机构。完整的权力监督体系应包括学院监督机构、学校监督机构以及董事会这三层监督，学院监督机构与学校监督机构只对上一级监督机构负责，每个季度召开一次民主监督与评议大会，主要听从学生代表、教职工代表、学术人员代表以及行政人员代表反馈的意见与建议，鼓励教职工、学生等主体由被动管理向主动治理转变。高校纪委、监察委行使学校监督权，在实际执行过程中，为了充分发挥高校系统内部的监督功能，也可以邀请社会公益人士、校友代表、教职工代表、学生代表、社会媒体等参与监督。此外，要把落实信息公开制度和信息化时代的互动作为社会参与、社会监督的有效举措，拓展监督的形式与途径。

（三）高度重视高校审计监督工作的开展

结合高校当前的实际情况，优化审计队伍，转变监督管理价值观，将监督的重点放在事前或者事中，发挥好监督作用。在实际监督过程中，要坚持有重点地开展，无论是基础建设、物资采购，还是科研经费使用等环节，都可能出现腐败问题，此时需要发挥重点监督的作用。建立健全审计激励机制，对于在审计执行工作中态度端正、工作扎实、恪尽职守的人员进行物质上或精神上的奖励，并将其纳入绩效考核中，以激发审计人员的工作热情。

（四）切实发挥好新闻舆论的监督效能

在信息时代，必须充分发挥网络、微信公众号等媒体平台的作用，通过宣传、推介等方式，使教职员工更好地了解学校工作，并设置相关栏目或链接，为师生员工发表个人对学校的建议提供平台，更好地利用媒介的力量对于腐败行为进行监督和管理。这些媒介平台还可以利用新闻、故事等方式对先进事迹和个人进行宣传，或在法律、规定允许的范围内对违纪违法的行为进行公开，起到警示教育作用，确保新闻舆论在学校党风廉政建设中发挥监督效能。

五、通过严查严打形成廉政体系建设的权威

建设廉政体系不仅要树立预防意识，还需要强调惩处的力度，始终以严的基调正风肃纪，树立纪检监察部门秉公执法的权威。高校纪检监察机关需要依照相关准则，坚持依法执纪问责，依法办理案件，强化执法力度，确保查案能力和办案能力得到不断提升。对于违纪违法案件，如果已经证实，需要严格依照惩处制度来办理，这样才能打击腐败分子，使一些潜在的违法违纪分子感受到法律法规的权威，形成震慑作用，使腐败之风不再蔓延。在深入剖析腐败案件产生的原因及问题的表现等工作时，要懂得去寻找管理层次上制度层次上的问题，积极提出对应的整改意见，以制度建设提升高校党风廉政建设的质量和水平。

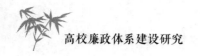

第二章　深入开展"三转"推动高校廉政体系建设

第一节　高校纪委推进"三转"的必要性及内涵

纪检监察部门实现"三转"已经不是新鲜话题了，十八届中央纪委三次全会对纪检监察部门作出的一项十分重要的工作部署就是深化"转职能、转方式、转作风，用铁的纪律打造纪检监察队伍"①，这既是对加强纪检监察工作提出的新要求，也是为纪检监察干部队伍自身建设指明的新方向，成为高校廉政体系建设的重要内容之一。但并不是各高校的纪委都深度实现了"三转"目标，仍有不尽如人意的地方，因此"三转"仍是当前健全高校监督体系、廉政体系的重要内容之一。

一、"三转"的内涵

"三转"作为一个政治学上的专用词汇，也是针对纪检监察工作的专用术语，是党的十八大以来中央纪委在全国纪检监察系统部署开展的一项重要工作，具体指"转职能、转方式、转作风"。中央纪委监察部从1993年合署办公以来，纪检监察机关大致经历了三次大的职能转换，每次转换都是一次上升、一次进步、一次飞跃。随着反腐败工作向纵深推进，纪检监察部门的重要性日益凸显，党中央要求各级纪检监察部门将重心转移到党风廉政建设和反腐败斗争中，在"三转"过程中不断加强制度规范体系建设，建立健全的监督体制，

---

① 王岐山. 聚焦中心任务 创新体制机制 深入推进党风廉政建设和反腐败斗争：在中国共产党第十八届中央纪律委员会第三次全体会议上的工作报告 ［M］// 党的十八大以来中央纪委历次全会文件资料汇编. 北京：中国方正出版社，2023：39.

强化纪委的监督责任，推进纪律检查工作取得更大的成效。这次大的职能转换实际上是要求纪委往主责主业上转，往监督执纪问责上转。

具体来说，"三转"具有丰富且明确的含义。

（一）转职能

"三转"的核心工作是转职能，就是纪检监察机关根据党章、党内法规和行政监察法的规定，根据党的十八大以来开展全面从严治党的经验，进一步明确纪检监察机关的职责范围、找准定位、厘清职责、攥紧拳头，清理规范纪检监察部门参与的议事协调机构，聚焦"监督、执纪、问责"三大职责，把党风廉政建设和反腐败斗争作为纪检监察的主业，把监督执纪问责作为专职工作，把不该管的交还给主责部门，做到不越位、不缺位、不错位，通过工作职能的转换使纪委真正做到有所为有所不为。转职能的实质是强调要收拢五指攥成拳，厘清职责抓主业。围绕发挥监督的再监督、检查的再检查作用，避免出现既当"裁判员"又当"运动员"，职能"越位""错位"等问题，突出纪检监察特色，严肃、准确、及时、权威地传递党中央和中央纪委的声音。

（二）转方式

转方式，就是纪检监察机关要顺应新时代的新要求，根据党风廉政建设和反腐败斗争的经验，积极创新理念思路，转变改进工作的方式方法，完善监督机制，更加科学有效地履行职能、担当责任。转方式的目的是要更加科学高效地履行执纪监督职责，因此需要深刻把握新形势下纪检监察工作的规律，摒弃惯性思维，创新工作理念，有针对性地改进方式方法。

高校纪委的转方式，要坚持以问题为导向，对学校教育教学改革中发现的各种突出问题，要及时督促各部门各单位进行制度纠偏、及时堵塞漏洞。对于高校来说，师生员工的利益和诉求都是大事，从维护师生的权利和利益角度出发，对风险环节、关键领域要格外关注，工作中要坚持抓早抓小、防微杜渐，对党员干部中的苗头性、倾向性问题，要早发现、早提醒、早纠正、早查处。要改进执纪监督方式，增强监督实效。

就实现监督职能来说，纪委要进一步强化"再监督、再检查"，如对于发现的问题，要做到"快查快办"，提高办案质量和效率，要实现这一目标，需

要进一步严格时限要求、缩短办案周期，明确办案人员，提升办案能力，集中力量在短时期内查清主要违纪事实。坚持用法治思维和法治方式惩治腐败，积极改进办案工作模式。在转方式的要求下，高校纪委要注意形成"惩""治"与"防"相结合的工作状态，"惩"要始终保持惩治腐败高压态势，"治"要坚持铁面执纪纠正"四风"，但是最重要的是"防"，不让违法违纪的事件发生，切实实现源头治理。

信访举报是发现腐败问题线索的重要来源，纪检监察中要利用好这一渠道，一方面加强信访举报工作，减少纪委调查取证的困难；另一方面强化问题线索全过程管理，研究制定拟立案、初核、暂存、留存和了结五类线索处置方式和标准，对反映领导干部的问题线索进行"大起底"，坚持"老虎""苍蝇"一起打，既坚决查处领导干部违纪违法案件，又切实解决发生在群众身边的不正之风和腐败问题。通过严格办案程序，完善和细化初核、立案、采取党内审查措施等各项制度，不断总结规律、形成经验，加强同行之间工作方式方法的沟通交流。

"中央八项规定"颁布以来，纪检监察机关要监督这一规定精神的贯彻落实。高校纪委要结合高校的特点，在元旦、春节、五一、中秋、国庆等重要节假日及腐败行为易发多发的节点制定各种监督措施，包括做通知提醒，对关键人员、关键岗位的节假日提醒或检查等。本着对违纪违规行为"零容忍"的原则，发现一起，查处一起，持续通报、曝光查处结果。"不教而诛谓之虐"。在严惩腐败的同时，纪检监察机关坚持"抓早抓小"，建立健全早发现、早处置机制，对一般性问题及时教育提醒，充分利用函询、诫勉谈话、组织处理等方式，对苗头性、倾向性问题早打招呼早处理，防止小错酿成大错。强化对党组织领导班子及其成员的监督，着力解决发现贪污腐败、违反"中央八项规定"精神、违反政治纪律、违反组织人事工作纪律四个重点问题。

（三）转作风

转作风就是要求高校的纪检监察部门守住底线，始终按照"打铁必须自身硬"的要求树立宗旨意识，坚持不懈地纠正"四风"问题，制定"情况明、数字准、责任清、作风正、工作实"的标准来推进纪检监察工作，做到忠诚可靠、服务人民、廉洁自律、求真务实、刚正不阿、秉公执纪，在改进作风过程中,纪检监察人员要做到正人先正己,始终把自己摆进去,以实际行动带头落实"中央八项规定"精神,始终抱着为师生员工服务的态度开展工作。

"三转"的内容涵盖了纪检监察工作的主体、职责和方法三个方面。其中,"转职能"是核心,"转方式"是关键,"转作风"是保障,三者结合起来才能真正发挥纪检监察工作的作用,更好地履行监督职责,为党风廉政建设和反腐败斗争打下坚实的基础,更好地建设廉政体系。将"三转"与规范管理结合起来,更能促进高校纪检监察工作职能的发挥,构建和谐、稳定校园。

二、推进高校纪委实现"三转"的必要性

(一)推进"三转"是贯彻落实党章要求的必然选择

《中国共产党章程》第四十六条第一、二款对党的纪律检查机关的职能作了专门阐述,指出党的各级纪律检查委员会是党内监督专责机关,其主要任务以及具体的职责如下[①]:

> 维护党的章程和其他党内法规,检查党的路线、方针、政策和决议的执行情况,协助党的委员会推进全面从严治党、加强党风建设和组织协调反腐败工作,推动完善党和国家监督体系。
>
> 党的各级纪律检查委员会的职责是监督、执纪、问责,要经常对党员进行遵守纪律的教育,作出关于维护党纪的决定;对党的组织和党员领导干部履行职责、行使权力进行监督,受理处置党员群众检举举报,开展谈话提醒、约谈函询;检查和处理党的组织和党员违反党的章程和其他党内法规的比较重要或复杂的案件,决定或取消对这些案件中的党员的处分;进行问责或提出责任追究的建议;受理党员的控告和申诉;保障党员的权利。

上述内容是党章对于各级纪律检查委员会职责定位的明确规定,是纪委全部工作的依据。从党章规定的内容看,明确指出了各级纪委的职责是"监督、

---

① 中国共产党章程［M］. 北京:人民出版社,2022:56-57.

执纪、问责"，要求通过各种形式或途径对党员开展教育，对党组织的决定尤其是党纪处理的决定要坚决维护。对日常应该如何做好监督、执纪、问责工作也作出了规定，对党员行使权力和保护党员权利都作出了说明，具有明确的指导意义。可见，"三转"是必然的趋势，高校纪委要彻底从原来繁杂的事务中解放出来，聚焦党章规定的主责主业，把权力关进制度的笼子里，强化党的领导，健全制度规范体系，培养优秀的纪检监察干部队伍，增强队伍的战斗力，对腐败形成高压、威慑态势，这样才能充分发挥纪委应有的作用。

（二）推进"三转"是提高高校纪检监察工作效能的必然选择

纪检监察部门要提高对"三转"的认识，保证"三转"取得成效，才能保证提升纪检监察部门的监督职能，推动纪检工作高质量发展。高校肩负着培养人才、科研、服务社会的重任，高校党建直接影响着高校功能的实现效果。党建的主要内容之一是反腐倡廉建设，"三转"有助于高校的反腐倡廉建设，促进高校的党员领导干部自觉遵守党章和党规党纪，增强党组织的纯洁性和战斗力，起到排头兵的作用，指引广大教职工共同为建设廉洁校园而奋斗。

反腐倡廉工作已经进行多年，曾经有一段时期的纪检监察工作主要是强调源头防腐治腐，这就使本应该由政府或行政部门负责的工作都要求纪委参与其中，甚至有的工作还要纪委牵头来做。如一些高校的招标工作、招生工作、职称评聘等工作的现场，纪委都要派人参加，还有一些是急难险重的工作，各部门落实不了的，最后也都压给纪委去完成。学校的事务性工作有很多，监督事项多，监督过程和监督内容复杂，有的工作已经逾越了纪检监察职能的界限，加之纪委人员不足，导致严重分散了纪检监察机关和纪检监察干部的精力，影响了抓党风廉政建设的成效，执纪监督的主业被削弱，监督也没有取得预期的效果。

因此，必须按照党章的相关规定，使纪委回归工作本位，减轻纪检监察机构的额外负担，使纪检监察干部把主要精力集中用到主责主业上，提高监督执纪问责的能力，同时改变作风和方式，促进高校党风廉政建设和反腐败斗争取得良好的成效，为高校健康发展保驾护航。

（三）推进"三转"是促进高校廉洁文化建设的必然选择

党的二十大报告中明确提出"加强新时代廉洁文化建设"的要求，习近平总书记在二十届中央纪委二次全会上指出："要在不想腐上巩固提升，更加注重正本清源、固本培元，加强新时代廉洁文化建设，涵养求真务实、团结奋斗的时代新风。"[①]这个要求实际说明了加强廉洁文化建设是一体推进不敢腐、不能腐、不想腐的基础性工程，也是推动全面从严治党向纵深发展、永葆党的初心使命的必然要求。从我国开展党风廉政建设和反腐败斗争的历程和经验看，廉洁文化建设作为党和政府反腐败斗争的重要举措，也是建设社会主义和谐社会、推动中国特色社会主义文化高质量发展的重要途径和保障，更应该成为新时代高校党风廉政建设和反腐败斗争工作中的一项重要任务。

对于高校而言，廉洁文化建设不仅包括廉政警示教育、违纪违规问题的处理，还应该包括对师生员工开展廉洁教育的探索与实践。2007年，在《教育部关于在大中小学全面开展廉洁教育的意见》中，要求以廉洁文化进校园来为高校人才培养营造一种良好的成长环境。因此，高校纪委要结合学校发展的具体实际，以宽广的视野、辩证的思维和大胆的实践，不断探索、创新、突破廉洁文化建设的方式方法，结合《习近平关于注重家庭家教家风建设论述摘编》《关于加强新时代廉洁文化建设的意见》等文件要求，健全和完善高校的廉洁教育制度及规范体系，营造风清气正的廉洁文化体系。纪检监察机构要以"三转"作为契机，通过转职能、转方式、转作风发挥出纪检监察机构的职能，促进高校廉洁文化建设取得更大的成效。

理想信念教育和教育理想的实现应是校园文化诸方面在校内的和谐统一发展，当校园内部充满了文化气息，当校园文化内化为学生的素质，当这些真正具有文明素质的大学生走向社会，并且在不同岗位作出贡献而没有出现违法违纪问题时，这所学校将真正成为孕育精神文明的摇篮、辐射文明的基地，这种教育也才能达到名副其实的新时代高质量发展。

[①] 曹英. 在不想腐上巩固提升 加强新时代廉洁文化建设 [N]. 人民日报，2023-04-20（9）.

第二节　高校纪委推进"三转"面临的困难

开展"三转"工作的目的是通过改革体制机制、创新组织制度、改进方式方法以提升纪检监察部门的"监督、执纪、问责"水平，这一工作不仅要有精心的顶层设计和规划，还要有相应的对策措施加以保证，更要有一支政治素质强、业务水平高的高素质纪检监察干部队伍。二十届中央纪委第二次全会上，习近平总书记对锻造堪当新时代新征程重任的纪检监察干部队伍提出了打造"铁军"的要求：包括强化党的政治建设，打造对党绝对忠诚的纪检监察铁军；强化能力建设，打造敢于善于斗争的纪检监察铁军；强化廉洁建设，打造自身正自身硬的纪检监察铁军三个"铁军"标准。同时对深入推进纪检监察体制改革提出要求：巩固拓展纪检监察体制改革成果，完善派驻监督体系机制，完善系统集成，协同高效的工作机制①。可见强化高校纪检机构的监督作用需要持续推进"三转"工作，通过厘清工作内容，创新工作方式方法而不断健全纪检监察监督体系，推动廉政体系建设。

目前，高校推进"三转"工作仍然面临着许多痛点和难点问题，有的问题是长期没有解决的，有的问题是因为新情况新任务新要求而形成的，都在不同程度上影响纪检监察部门的监督执纪问责。

一、"两个为主"落实不完全到位

2022年1月，中央纪委国家监委印发了《关于深化中管高校纪检监察体制改革的意见》（以下简称《意见》），进一步明确了中管高校纪检监察机构的职能、职责权限、具体的工作机制，突出强化政治监督要求，提出进一步建立健全工作报告、联合审查调查、沟通协调、支持保障工作机制的要求②，这一

---

① 二十届中央纪委二次全会工作报告［EB/OL］．中央纪委国家监委网站，（2023-02-23）［2023-08-15］．http://ccdi.gov.cn/toutiaon/202302/t20230223_24873p.html．

② 中央纪委国家监委印发意见深化中管高校纪检监察体制改革［EB/OL］．中华人民共和国教育部网站，（2022-01-23）［2023-08-15］．http://www.moe.gov.cn/jyb_xwfb/s6052/moe_838/202201/t20220124_596032.html．

《意见》为高校纪检监察部门深入开展各项工作提供了定位和指南，尤其是当前，要持续深入推进"三转"工作，更要有所遵循和参照。

目前，高校纪委主要是在学校党委领导下开展工作，"双重领导"体制体现仍不够明显。"两个为主"当中，"高校纪委书记、副书记提名以上级纪委会同组织部门为主"得到较好落实，但高校纪委在"查办腐败案件以上级纪委领导为主"上落实还不够到位。以省属高校纪委开展工作为例，省属高校纪委的上级纪委应该是省纪委，省纪委也有明确分工，由相关纪检监察室来负责联系对应的高校，但由于工作重点、人员精力等方面的原因，这种联系和对接更多地体现在对日常工作的监督，如工作任务布置、问题线索交办等方面，而高校纪委在执纪审查过程中遇到了重大问题、重要事项，以及确实存在需要帮助解决的困难时，有时又难以及时得到上级纪委的有力指导，因此只能与驻省教育厅的纪检监察组取得联系。在派驻机构实现全覆盖之后，相关纪检监察组却又没有明确指导高校纪检监察工作的职能，实际工作中面临着"管得到的够不着，够得着的不好管"的两难境地①，这些问题严重地困扰着部分高校"三转"的进程。

二、队伍建设不符合形势需要

目前，高校的纪委均为学校的内设机构，但如何管理、如何发展，如何将其纳入到学校党的建设整体中，在人员的配置上、管理机制上、职业发展出入口的设计等方面没有统一的要求，缺乏足够的顶层设计。近年来，中央和省、市都先后出台实施了加强纪检监察机关建设的意见，对机构设置、人员编制、主要职责等作出了明确规定，但对加强高校纪委建设方面的硬性规定还未明确，高校纪委的机构设置、人员编制、工作职责没有统一规范。

在机构设置上，有的高校能实现单设纪委书记，但个别高校纪委书记仍由高校副书记兼任，在一定程度上影响了纪检监察工作的独立性和严肃性。从部门设置上来看，我国高校的普遍做法是，纪委和监察室合署办公，纪委副书记

---

① 压紧压实高校纪委监督责任：关于完善高校纪检监察工作体制的调研［EB/OL］.（2018-04-20）［2023-08-15］https://jjjcs.zbvc.edu.cn/content.jsp? urltype=news.newscontenturl&wbtreeid=1007&wbnewsid=1498.

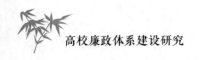

同时是监察室主任，部门人数一般为1至3人；有的高校是纪委、监察室和审计合署办公，由1名领导统一领导。（实际上，只有中管高校才有监察权，才能行使监察职能，其他各高校所建的监察室应该叫监督检查室。）在新形势新要求下，由于政策执行的原因以及学校对纪检监察工作不够重视等原因，纪检监察部门人员数量不足、多重职能混合等问题使党风廉政建设很难取得满意的成效。党风廉政建设任重而道远，包含了作风、制度和廉政文化建设等多方面工作，任务量很大，不仅要求工作人员具有较强的专业素质，还要有人员数量作保障，因此，扩大编制势在必行，一般情况下，应将编制扩大到5至8人或者更多。其实，高校纪委的人数配置应该考虑到与监督、执纪、问责的任务相适应，学校的风险点多、人员多，相应的就应该增加人员配置。

各高校对部门的叫法不是一致的，有的称纪委办公室，有的称监察处或监察室，有的称监察审计处。派驻教育厅纪检组与高校之间是指导关系还是其他关系尚未明确，工作中仍然沿袭原相关纪工委的部分职能，造成职责不够清晰，压力传导不到位。有的高校纪委编制多年不变，有的年龄结构、性别结构不合理，队伍结构不够优化，干部没有形成有序的梯队等。

另外，尽管经过了十八大以来的改进和提升，但是目前高校纪检监察工作仍然存在专业人才匮乏、经验欠缺、力量不足的问题。从专业角度看，多数高校纪检监察干部存在任职时间短、流动性比较大、经验较欠缺的问题。从教育培训的情况看，许多干部没有受过全面的纪检监察业务培训。从执纪经历看，个人差别较大，一些高校纪委的领导学习能力不足、监督执纪水平有待提升，没有办案经验，或者是部门的执纪能力整体都偏弱。由于能力不足，导致一些高校纪委对问题线索管理不够规范，对一些重要问题的线索处置不合规、不合理，有的还会因组织不力、能力不适应而造成线索流失。还有的在进行执纪审查的外围调查取证时，缺乏技能技巧，出现协调难、手续繁、办事不力的现象。

三、开展纪检监察工作顾虑较多

由于高校校级领导干部职数少，高校纪委书记中有相当一部分人承担了职责范围外的工作，造成高校纪委"三转"不彻底不充分。此外，一些高校领导班子成员对纪委"三转"认识不够，依然存在"纪委这不参加那不参与，那怎么发挥作用"的错误认识，造成了一些高校纪委聚焦主业、主责不够，干了不少自己不该干的工作，"种了别人家的地，荒了自己家的田"。

高校纪委工作人员面临的案件对象主要是校内同事，有的是多年的老朋友，因此一旦这些人成为工作的对象，就会导致纪检监察人员思想上的顾虑，易受外部因素干扰、抹不开情面、工作时难以放开手脚、卸下包袱等。有个别高校的党委对纪委工作给予的支持不够，从而导致纪委同志在处理违纪问题时瞻前顾后、处分违纪党员时出现了"护犊"心理和"爱惜羽毛"的倾向。

随着全面从严治党向纵深推进，高校纪检监察干部队伍建设的重要性不言而喻，但由于多年形成的惯性思维，有的高校党委对纪检监察干部队伍建设没有足够重视，纪检监察干部队伍结构不优、人员没有形成有序梯队的问题仍然存在。个别学校甚至把纪检监察岗位当作照顾性安排干部、照顾性解决干部职级的岗位，且纪检监察干部年龄总体偏大，这样的情况下开展工作就会产生更多的顾虑和心理压力。此外，很多干部一旦走上纪检监察这个岗位，岗位多年无变动，或者因为工作影响而失去群众的支持，大家避而远之，使其产生很大的心理落差，导致这支队伍缺乏生机和活力。

另外，由于对高校纪委的角色定位不明确，导致纪委在学校发展中的地位没有充分被重视，对纪委实现"三转"工作十分不利。如一些纪检监察干部认为高校纪检监察机构与其他机构最大的区别是学校党委直接领导纪委，甚至是可以直接决定纪委人员的校内事务，如考核、评优等，而与上级纪委的关系不是很直接，因此更为重视与校党委的联系，对上级纪委缺乏归属感。也有个别校领导认为纪委属于学校的内设机构，和其他职能部门一样对待即可，没有认识到纪委的工作特殊性。内外因的双重认识错误，使高校"三转"工作进展缓慢。

四、"三转"工作做得不够彻底

纪检监察部门工作上大包大揽，没有聚焦主业。从我国高校纪检监察部门的工作实际上看，很多院系都愿意邀请纪检监察干部参与到他们的工作中，甚至连部门的日常工作监管都会找纪检监察部门给把关，好像纪委出面作证，这

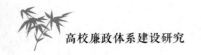
个事情就十分公正合理，没有任何疑点一样，纪检监察部门还要想办法推脱，严重分散了精力，致使纪检监察部门不能很好地履行职责。其他职能部门的工作（如招投标、后勤管理、基建、科研、招生等）也经常邀请纪检监察部门进行监督，有些工作甚至是主要领导指示参加的，这样一来，纪检监察部门的精力被分散了，不能突出自己的工作职责。此外，纪检监察部门人员数量少，也影响了部门主要工作的开展。其他部门无形中把自己的业务转嫁给纪检监察部门，对纪检监察部门产生强烈的依附心理，最终导致职责错位。久而久之，高校行政部门之间的职能分工不明确，造成管理上的混乱。

五、工作职能泛化、效果不明显

新时代以来，习近平总书记每次出席中央纪委全会，都会对纪检监察机关加强自身建设提出明确要求、作出重要指示。从在十八届中央纪委二次全会上要求纪检监察机关"更好发挥监督检查作用"，到在十八届中央纪委六次全会上明确"纪委是党内监督的专门机关，是管党治党的重要力量"；从在十九届中央纪委二次全会上强调"纪检机关就是党内的'纪律部队'"，到在十九届中央纪委三次全会上指出"纪检监察机关是党和国家监督专责机关"，再到在二十届中央纪委二次全会上强调"纪检监察机关是推进全面从严治党的重要力量"[①]，应该说，十多年来，习近平总书记因时因势明晰了纪检监察机关的职能定位、权责作用，但是高校的纪检监察部门在实际工作职能定位上、工作效果的体现上却仍存在不足，离期待的情况还有很大的差距。

首先，纪检监察部门的观念跟不上新时代变化的要求，在案件的查处和信访工作上力度不足，缺乏积极主动性，缺乏基本的办案条件和手段，办案方式方法老旧，加上部门人员大多数并非专业出身，不能有效地受理群众反映的各种问题和线索，存在职能泛化的问题，没有发挥好监督执纪问责专责机关的职能。其次，工作上不分主次，主要表现在参与太多的现场监督，既当运动员，又当裁判员，不仅不利于主业的发展，也干扰了其他部门正常履行职责。最后，在高校廉政文化建设方面创新不够，效果不明显，如仅仅通过发布廉政报

---

① 杨巨帅，王雪. 以铁的纪律打造忠诚干净担当的铁军：坚持从严管理加强自身建设［J］. 中国纪检监察，2023（2）：32.

告、做海报宣传等形式进行，没有充分运用现代化信息技术手段，难以使新思想新理论快速入脑入心，难以体现"全面""从严"的治党要求。由此可见，高校纪检监察部门的建设和改革任重道远，以纪检监察职责定位推动廉政体系建设的工作也还有很多工作要做。

第三节 高校纪委持续推进"三转"的对策

王岐山在第十八届中央纪委第三次会议上的工作报告中指出，要明确纪检监察机关职责定位，"全面履行党章赋予的职责，转职能、转方式、转作风"①。高校纪委推进"三转"任重道远，纪检监察机构应结合实际情况，认真分析问题，主动采取措施，树立主责意识，不断适应新常态。对于需要退出的工作坚决退出，对于不应牵头的工作直接交给主管部门，注重监督、执纪、问责职能的发挥。赵乐际在党的十九届中央纪律检查委员会第四次会议上的工作报告中提出要"推进更高水平、更深层次'三转'，增强'主动转'的自觉"②，就是要持续推进"三转"的更高要求，要从"被动"转为"主动"。

一、持续推进"三转"需要创新监督执纪方式

高校纪委要努力创新监督执纪方式，加强干部队伍建设，突出重点，加强对重点环节和领域的监督检查，促进高校廉政建设取得更大的成效。

（一）创新工作体制

鉴于高校机构规格高、监督的省管干部及处级以上干部数量大，且地域分布广、资金和项目多、违纪违法行为易发多发等实际，一是参照部分省的做法，成立高校纪工委，作为省纪委派出机构，与驻省教育厅纪检监察组合署办

---

① 王岐山. 聚焦中心任务 创新体制机制 深入推进党风廉政建设和反腐败斗争：在中国共产党第十八届中央纪律检查委员会第三次全体会议上的工作报告［J］. 中国纪检监察，2014（2）：6.
② 赵乐际. 坚持和完善党和国家监督体系 为全面建成小康社会提供坚强保障［M］// 党的十八大以来中央纪委历次全会文件资料汇编. 北京：中国方正出版社，2023：395.

公，具体负责对高校纪检监察工作的指导。二是总结高校执纪审查协作组的工作经验，按照"执纪监督部门与审查调查部门分设"的工作思路，整合高校纪委人员编制，分片或就近建立高校执纪审查调查室，专门负责辖区内高校违纪违法行为的审查调查，一案一授权、一事一授权，着力提升高校执纪审查工作质量和水平。

（二）规范机构设置

强化顶层设计，研究制定高校纪检监察机构设置办法，统一机构名称，明确职责权限，确定人员编制。明确规定高校应配备专职纪委书记，逐步改变学校党委副书记兼任纪委书记的做法。积极探索推动高校二级党委设立纪委，推进监督执纪工作向基层延伸。制定实施《高校纪委委员参与监督执纪实施办法》，完善高校纪委与组织、人事、审计、财务、基建、后勤、科研、资产等部门联席协作机制，建立校内监督执纪人才库。

（三）加强能力建设

持续推进高校纪委落实"三转"要求，明晰职责定位。注意把政治素质硬、担当意识强、业务能力好，具有法律、财会、金融、审计等专业能力的优秀干部选调充实到高校纪检监察干部队伍中。在保持队伍相对稳定的基础上，积极向地方和有关部门推荐优秀纪检监察干部，激发队伍生机活力。加强实践锻炼，有计划地抽调高校纪检监察干部参与省纪委、驻厅纪检监察组执纪审查工作，参与省委巡视组巡视工作，丰富监督执纪实战经验。利用巡视监督、专项检查、专项审计、挂职锻炼等途径，提升高校纪检监察干部的实际工作能力。

按照国家监察体制改革的统一部署，授予部分高校纪检监察机构调查权限。探索建立高校纪委与所在省辖市纪委协作联动机制，明确高校纪委直接到所在市纪委开具调查信函权限，解决高校监督执纪调查取证难、手续烦琐等问题。

（四）完善相关保障

严格执行高校纪委书记交流任职制度，探索实施纪委副书记同城异校交流任职和异地异校提拔任职机制。明确赋予省纪委驻省教育厅纪检组对高校纪委的指导职责,构建高校违纪案件指定审查、审理工作机制。加大硬件投入,有条件的高校应提高建立标准化谈话室的标准。明确高校重要谈话对象可借用所在市纪委执纪审查调查场所的规定,有效解决高校执纪审查场地不足和执纪审查安全工作风险的问题。

二、持续推进"三转"需要明确转的具体内容

高校纪委要始终牢记在主业主责上下功夫,切忌大包大揽,抓住工作的重点,把监督、执纪、问责作为工作的重点,塑造"敬畏纪律、懂规知矩、自觉守纪"的良好校园氛围。强化监督,保证中央各项决策落到实处。落实"中央八项规定"精神,将查办案件放在首要位置,坚持依法执纪,坚持同腐败现象和行为做斗争,有腐必惩。

(一)转职能

全面履行党章赋予的"三项主要任务"和做好"六项经常性工作"。按照二十大党章和《中华人民共和国行政监察法》赋予的职能,认真履行纪检监督责任和行政监察职责,切实发挥监督检查和案件查办的拳头作用。"三项主要任务"即"维护党的章程和其他党内法规;检查党的路线、方针、政策和决议的执行情况;协助党的委员会推进全面从严治党、加强党风建设和组织协调反腐败工作,推动完善党和国家监督体系。"需要抓好的"六项经常性工作"即"党的各级纪律监察委员会的职责是监督、执纪、问责,要经常对党员进行遵守纪律的教育,作出关于维护党纪的决定;对党的组织和党员领导干部履行职责、行使权力进行监督,受理处置党员群众检举举报,开展谈话提醒、约谈函询;检查和处理党的组织和党员违反党的章程和其他党内法规的比较重要或复杂的案件,决定或取消对这些案件中党员的处分;进行问责或提出责任追究的建议;受理党员的控告和申诉;保障党员的权利。"①

退出与纪检监察工作关系不大的议事协调机构。按照上级党组织及纪检监察部门要求,确需学校纪检监察部门牵头的议事协调机构予以保留外,今后凡

---

① 中国共产党章程[M].北京:人民出版社,2022:57.

新增需要纪检监察部门参与的议事协调机构，须事先报经校纪委审核同意，纪检监察部门原则上不与职能部门联合行文，不参与职能部门组织的联合监察活动。

把不该管的事项交给主责部门，学校纪检监察部门不再参与同纪检监察工作无关的领导小组、工作小组等。除按上级有关规定，必须实行全过程监督管理的项目外，不参与基建（修缮）工程的招标投标、材料价格控制管理、工程款拨付、工程现场验收等工作；不参与物资设备采购中的所有工作，包括市场询价与开标现场监督；不参与国有资产管理，清查及移交等工作；不参与各类评优评奖；不参与职工年度、聘期考核及复评工作；不参与四、六级英语、日语考试监督等工作。

（二）转方式

在监督检查上突出"监督的再监督、检查的再检查"的职能定位。把监督的切入点从参与、配合相关职能部门开展业务检查，转变到对职能部门履行职责的监督检查上来，把是否依照法定权限和程序履行监管职责、是否有失职渎职行为、是否存在违纪违规行为等作为监督重点，加强监督问责，转变事前、事中、事后监督方式，不再参与事前、事中的监督检查，而是突出对结果的事后监督检查；不再提出一般性意见建议，而是突出对违纪案件进行查处和问责追究。要综合运用制度廉洁性审查、明察暗访、随机抽查、信访举报、线索排查、执纪审查等措施，提高监督工作的针对性和实效性。

1. 在监督环节上严格遵守程序

一是强化事前备案制度。对涉及重大事项及师生切身利益的重要监督事项，由职能部门向纪检监察部门备案。纪检监察部门根据实际情况，有针对性、选择性、计划性地参与重点环节工作，做好重要节点的风险防控。

二是开展专项督查和专项治理。根据上级工作部署及学校中心工作需要，组织开展专项监督检查或专项治理工作。

三是信访处理。受理对党组织、党员、监察对象的控告、检举、申诉，承办上级信访转办件、督办件，经批准，协助办理反映领导班子成员信访举报事项的检查工作。

四是查办案件。调查处理所管理的党组织及党员干部的违纪案件及其他重要案件,坚持"一案双查"制度,对重要案件要反复研究,以提升办案质量。

五是协助巡察督查。按照《中国共产党巡视工作条例》的规定,巡视组对巡视对象执行《中国共产党章程》和其他党内法规,遵守党的纪律,落实全面从严治党主体责任和监督责任等情况进行监督。在开展巡视前,会向相关的纪检监察机关了解情况,高校纪委要协助配合上级党组织及主管部门巡察组开展巡察工作。对移交过来的领导干部涉嫌违纪的线索和作风方面的问题要及时研究并给出处理意见,并于3个月内将办理情况反馈巡视工作领导小组办公室。①

六是问责追究。督促贯彻执行党政领导干部问责的制度规定,按规定对管理的领导干部进行问责。

七是谈话提醒。纪委书记针对存在问题的单位负责人进行廉政谈话,提出建议和要求。对新提拔、调整、任用的处级领导干部进行任前廉政谈话。发现干部在政治思想、履行职责、工作作风、道德品质、廉政勤政等方面存在的苗头性问题,校纪委及时对其进行教育提醒、诫勉谈话。

查办案件以上级纪委的领导为主,案件线索处置和案件查办在向学校党委报告的同时,必须向上级纪委报告。完善案件线索集体排查、规范处置、重要事项报告、办案工作考核、执纪执法部门协调配合等工作机制,建立纪检监察干部执纪办案过错责任追究制度,严格查处瞒案不报、压案不查等行为。坚持依法依纪、安全文明办案,规范并严格执行党内审查审批程序。注重快查快结,以审查纪律为主,查清主要违纪违法事实,涉嫌犯罪的按程序及时移送司法机关处理,压缩从立案审查到审结移送的时间。及时跟踪移送后的处理情况,确保案件依法、公正处理。认真践行"四种形态",注重抓早抓小,对苗头性、倾向性问题早打招呼早提醒,及时进行约谈、函询,加强诫勉谈话工作,防止小问题变成大问题、小错误酿成大案件。

2. 在方式方法上突出多措并举

在作风建设上注重抓节点、抓小事。坚持从小事抓起,从重要时间节点抓起,一个节点一个节点地抓,一个重点问题一个重点问题地解决。加强改进作风制度建设,坚持以制度管权管事管人。严肃查处作风问题典型案件,对违纪

---

① 中国共产党巡视工作条例:中国共产党重要党内法规学习汇编[M]. 北京:中国法制出版社,
2019:395-398.

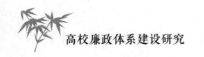

违规行为"零容忍"，坚持点名道姓通报批评。

在宣传教育上，突出以案释纪、以案施教。通过多种方式开展违纪违法案件的剖析和典型案件通报，发挥反面典型的警示教育作用和曝光通报的震慑作用，教育党员干部自觉履行相关法律与规定，提高廉洁自律意识。

在责任追究上突出"一案双查"。严格落实党风廉政建设责任制，健全责任分解、检查监督、倒查追究的完整链条，按照责任分工，把反腐倡廉责任落实到相关职能单位。坚持有错必究、有责必问，按照"谁主管，谁负责"的原则，对发生重大腐败问题和不正之风滋生蔓延的单位实行"一案双查"，既追究当事人责任，又倒查追究相关纪检监察人员的违规违纪责任。

对出现猥亵学生、校园欺凌、校园安全等重大恶性事件且造成不良影响的，除了问责当事人，还要追究相关领导责任，通过问责领导干部，倒逼"一把手"认真履行管党治党主体责任。对发生酒驾醉驾问题的党员干部、公职人员要"一案双查"，除了追究当事人责任，还要查清饮酒原因、参与人员、饮酒场所、费用来源、是否存在请托事项，监督是否存在违规公务接待、违规接受管理服务对象宴请等问题。加强对年轻干部的教育管理监督和师生的廉洁教育，做实做细查办案件的"后半篇文章"，"及时通报有关违纪违规的典型案例，深化以案促改、以案促治，编制教育领域违纪违规人员警示教育读本，用身边事警示身边人，印发廉政宣传手册，深化廉洁文化建设"①。

党的二十大报告中指出，腐败是危害党的生命力和战斗力的最大毒瘤，反腐败是最彻底的自我革命。我们要准确把握、认真落实党的二十大对做好新时代纪检监察工作提出的明确要求，永远保持赶考的清醒和坚定，以直面问题、自我革新的魄力和勇气，抓铁有痕、踏石留印的坚韧和执着，永远吹冲锋号，坚决打好党风廉政建设和反腐败斗争攻坚战持久战。

（三）转作风

作风建设首先要在严明党的纪律、落实"中央八项规定"上严于要求，加

---

① 刘小平. 坚定不移正风肃纪反腐 为全市教育事业高质量发展提供坚强保障：纪委书记（纪检组长）谈学习贯彻市纪委六届三次全会精神［EB/OL］.（2023-02-14）［2023-08-15］https://mp.weixin.qq.com/s? __biz=MzU2NTAzODQxOQ==&mid=2247533152&idx=3&sn=ab1591e45085cfb61d6f213476faa0b2&chksm=fc43de5ccb34574abff6e72468260b252143c002a257cdf833792cba235ba58caf69c2d8201e&scene=27.

强纪检监察队伍的自身建设。可以通过深入开展党性党风党纪教育、理想信念教育和廉洁从政教育,不断增强纪检监察干部的政治意识、大局意识、核心意识和看齐意识,坚定理想信念,加强党性锻炼,带头遵守党的纪律特别是党的政治纪律、组织纪律,在思想上政治上行动上始终同党中央保持高度一致。

要大力加强纪检监察干部的学习培训力度,以提升政治判断力、政治领悟力和政治执行力,一方面是学习新时代中国特色社会主义的新理念、新思想、新战略,另一方面是学习纪检监察工作技能,提升办案水平和质量,通过积极选送干部参加上级纪检监察机关查办案件、开展专项调研、与兄弟高校交流学习等有效途径,不断提升学校纪检监察干部的工作能力。

"信任不能代替监督"①,要"坚持严管和厚爱相结合,激励和约束并重,坚持三个'区分开来'"②,坚持"监督者更要接受监督"等原则,大力强化对纪检监察干部的日常教育、监督和管理,推进内部廉政风险防控工作,进一步完善工作流程、严格工作制度,规范信访举报处置、案件检查、定性量纪、执纪监督等权利行使行为,严防纪检监察干部以公权办私事、徇私情、谋私利。

深化纪检监察干部的队伍建设,打造"做党的忠诚卫士,群众的贴心人"的工作特色,筑牢监督、执纪、问责的利剑和堡垒,切实树立纪检监察干部的良好形象。

三、高校纪委推进"三转"应坚持的基本原则

党风廉政建设和反腐败斗争是全国一盘棋,只有党政机关、企事业单位齐抓共管、上下联动,才能取得决定性胜利。在这盘大棋中的高校,虽然不是反腐重灾区,但就其掌握的资源和腐败问题来说,情况并不乐观。同时,高校是教书育人、培育接班人的知识高地,任何细微的腐败问题都会影响到广大青年学生,影响到祖国的未来。因此,高校纪委应该对党风廉政建设和反腐败斗争保持高度警惕,结合高校实际,在"三转"工作中体现"底线"和"高线"意识。

---

① 中国共产党党内监督条例 [M]. 北京:中国方正出版社,2016:1.

② 习近平. 一刻不停推进全面从严治党 保障党的二十大决策部署贯彻落实:在二十届中央纪委二次全会上发表的重要讲话 [M]//党的十八大以来中央纪委历次全会文件资料汇编. 北京:中国方正出版社,2023:533.

（一）转职能要守住"底线"

党的纪律是全面从严治党的底线，也是转职能的基本要求。党章是规定党的纪律的总章程，要严格遵守党章的相关要求和规定开展有为有位的工作，找准纪委的职责定位，做到不越位、不缺位、不移位，实现主业正位。

《中国共产党纪律处分条例》（以下简称《条例》）是严明党的纪律的具体党内法规，在转职能时，要聚焦《条例》，对照政治纪律、组织纪律、廉洁纪律、群众纪律、工作纪律、生活纪律的要求，以《条例》为依据制定工作制度，找准发力点，不能眉毛胡子一把抓。过去，高校纪委在高校行风评议、项目招标投标、职称评审、公开招聘时参与较多，导致监督主业发散。新形势下，高校纪委要严格按照党章和其他党纪党规要求，聚焦监督执纪业务，落实监督责任。相对于党政机关，高校的权力社会渗透性不强，重大腐败问题相对较少，但作为一个培养人的地方，高校管理和教学人员的一举一动、一言一行都大意不得。因此，高校纪委聚焦主业时，既要严格审查和处置已经出现的违纪行为，更要认识廉政建设在高校的具体体现，重视廉政教育，抓早抓小，入细入微，防微杜渐。

教育是国之大计、党之大计，关乎党的事业后继有人，以习近平同志为核心的党中央对教育工作高度重视，作出系列重要指示批示，深刻阐述了"培养什么人、怎样培养人、为谁培养人"等根本问题，形成了对教育工作的重要论述，为教育改革发展提供了根本遵循。要始终坚持把"两个确立"作为履职尽责的"纲"和"魂"，坚定不移做到"两个维护"。高校党委要加强全面领导，深入落实立德树人根本任务，以习近平新时代中国特色社会主义思想铸魂育人，扎实推进习近平新时代中国特色社会主义思想进教材、进课堂、进头脑，深化"大思政课"建设，生动体现党的创新理论伟力，着力培养担当民族复兴大任的时代新人。纪检监察部门要监督这一工作的贯彻落实情况，对于政治方向问题、政治立场问题、师德师风问题、意识形态等问题都要做好监督问责。

（二）转方式要力争达"高线"

转方式就是创新思想理念，改进工作方式，从新时代的新形势新任务出发，正确地做事、做正确的事，推动党风廉政建设和反腐败斗争的高质量发展。

1. 要不断完善相关的制度规范体系

党的二十大报告中提出了"健全党统一领导、全面覆盖、权威高效的监督体系，完善权力监督制约机制，以党内监督为主导，促进各类监督贯通协调，让权力在阳光下运行"①，这也是对高校健全完善制度规范体系的基本要求。当前党风廉政建设和反腐败斗争"不敢腐"已经初见成效，"不能腐、不想腐"的体制机制建设正在同步跟进，高校纪委在转方式的同时，要把握这一趋势，以查促建，固本培元。

2. 创新工作方式方法以提升工作本领

随着电子化、信息化的发展，高校的违纪违法问题也出现了多样性、隐形性的特点，使得腐败现象在重压之下花样翻新，各种不正之风穿上隐身衣，如最近曝光的高校教师师德师风问题，一些违法犯罪人员利用网络、微信控制住侵犯的对象才得逞，有一些事情竟然有十几年的时间还没有被发现。因此高校纪检工作要学会与时俱进，运用现代信息技术不断创新方式方法，精准切入新问题、新情况，以提高办案质量和效率。同时，在信息化技术的辅助下，提早发现苗头性问题，防止不该有的问题出现。

3. 借助转方式强化守"底线"达"高线"意识

转方式要守住底线，不能为转而转，更不能转而偏向。要结合学校的性质和特点，采取有针对性的方式定位问题源头，窥一斑而见全豹，这个底线除了党章党纪底线外，还有丰富的内涵。习近平总书记在不同的场合曾经对底线的内涵进行过论述，如在十八届中央纪委二次全会上强调"守住做人、处事、用权、交友的底线"，在中央全面深化改革委员会第十次会议上强调"法律底线不能逾越的观念"，等等。具体说来，高校纪委在转方式过程中，既要守住党纪规定的监督主业底线，又要守住党纪国法的做人做事底线，不能在转变过程中偏离、逾越它们。

转方式要体现"高线"意识，要把坚定理想信念的"高线"作为固本之策。高校是教育人的地方，是人才密集之地，这里的教师学历高、素质强、社会联系比较广，纪委要善于利用这一优势，创新廉政教育方式，定期开展廉政教育专题活动，让理想信念深入教师心中，通过他们传递到学生那里，为"不

---

① 习近平. 高举中国特色社会主义伟大旗帜 为全面建设社会主义现代化国家而团结奋斗：在中国共产党第二十次全国代表大会上的报告［M］. 北京：人民出版社，2022：66.

想腐"的最终目标筑牢理想之基。正人先正己，"其身正，不令而行；其身不正，虽令不从。"

（三）转作风要向"高线"标准看齐

"打铁必须自身硬"，纪检监察机关要想监督有效，自己首先要经得起监督；要想执行党纪，自己首先要不违纪；要想问责得力，自己要不被问责。网络时代，信息共享互通，纪检人员要守住底线，但尤其要用"高线"标准要求自己，以增加履职用权的合法性。王岐山在出席"2015中国共产党与世界对话会"的外方代表会议时，再提党纪底线，首提理想信念宗旨"高线"，其深层内涵意指要实现以纪治党和以德治党相结合。修身齐家治国平天下，修身为首要，"法律法规再健全、体系再完备，最终还要靠人来执行"①。全体党员，尤其是各级纪委工作人员，都要有理想信念、守住初心使命。

要始终保持永远在路上的坚定执着，坚定不移贯彻党的自我革命战略部署和全面从严治党战略方针。要持续以"零容忍"态度反腐惩恶，更加有力清理存量、有效遏制增量，坚决惩治"靠教育吃教育"的现象。要锲而不舍落实"中央八项规定"精神，持续深化纠治"四风"，重点纠治"象牙塔"内的官僚主义，一体推进党性党风、师德师风、学风校风建设，通过明方向、立规矩、正风气、强免疫，形成风清气正的育人生态。

要深刻把握高校的不同特点，完善权力运行监督制约机制，一体推进"不敢腐、不能腐、不想腐"。要始终牢记持之以恒强化自身建设，做政治过硬、本领高强、纪法严明、作风优良的表率，当好学习贯彻党的二十大精神第一方阵的排头兵。要更好履行专责监督职责，与党委同向发力，不断把全面从严治党推向深入，为加快推进教育现代化、建设教育强国、办好人民满意教育提供坚强政治保障。高校纪委还可以充分发挥理论研究主阵地优势，开展相关专题研究，紧紧围绕我国改革开放后取得的巨大成就，帮助党员树立对中国特色社会主义道路、中国特色社会主义理论体系、中国特色社会主义制度、中国特色社会主义文化的自信，使理想信念宗旨扎根于实践土壤。在此基础上，再把理想信念宗旨具体化，使之易理解、易接受、易实践，内化于心、外化于行。

---

① 王岐山. 在中国共产党第十八届中央纪律检查委员会第四次全体会议上的讲话［M］// 党的十八大以来中央纪委历次全会文件资料汇编. 北京：中国方正出版社，2023：66.

第三章　落实"两个责任" 推动高校廉政体系建设

　　党的十八届三中全会通过了《中共中央关于全面深化改革若干重大问题的决定》，从党的决议的高度首次明确了党委和纪委的党风廉政建设责任问题，落实党风廉政建设责任制，"明确党委负主体责任，纪委负监督责任，制定实施切实可行的责任追究制度"①。"两个责任"的提出构建了全新的党风廉政工作格局，也为高校廉政体系建设提供了根本遵循。在接下来召开的十八届中央纪委三次全会上，习近平总书记进一步明确提出要"保证各级纪委监督权的相对独立性和权威性""要落实党委的主体责任和纪委的监督责任，强化责任追究，不能让制度成为纸老虎、稻草人。党委、纪委或其他相关职能部门都要对承担的党风廉政建设责任做到守土有责"②。2021年3月27日出台的《中共中央关于加强对"一把手"和领导班子监督的意见》中，强调要充分认识加强对"一把手"和领导班子监督的重要性紧迫性，提出"破解对'一把手'监督和同级监督难题，必须明确监督重点，压实监督责任，细化监督措施，健全制度机制……强化上级党组织监督，做实做细同级监督，推动党员领导干部增强政治意识"等具体要求。这些规定成为高校纪委通过进一步落实"两个责任"推动廉政体系建设的重要依据。

　　"两个责任"要求的提出、责任内涵的明确进一步丰富了中国特色党风廉政建设和反腐败斗争的理论体系，构建出落实党风廉政建设责任制新的工作格局，是新形势下党风廉政建设和反腐败斗争的重大理论创新成果。对高校的

---

① 习近平. 关于《中共中央关于全面深化改革若干重大问题的决定》的说明 [J]. 前线，2013（12）：25.

② 习近平. 强化反腐败体制机制创新和制度保障 深入推进党风廉政建设和反腐败斗争 [J]. 中国监察，2014（2）：5.

"关键少数""一把手""领导班子成员"等主体应该如何履职尽责也作出了提醒。正确把握"两个责任"的主要内容和基本要求，进一步健全廉政体系，厘清高校的"两个责任"，构建促进"两个责任"良性互动共进的运行机制，对高校全面推进党风廉政建设和反腐败斗争具有深远的意义。

第一节 "两个责任"的内涵及其辩证关系

高校廉政体系建设中，落实党委和纪委"两个责任"是一个长期的系统工程，需要党委真正担起主体责任，纪委要切实履行监督责任，需要明确各自的职责内容及相互关系，做好顶层设计、周密部署，并积极探索长效机制，以相关的制度保证贯彻落实。

一、"两个责任"的主要内容

以明确"两个责任"的制度建设为基础抓党风廉政建设工作是中国共产党自身建设的一个重要理论创新和实践创新，这来源于党勇于开展自我革命、勇于承担使命任务的伟大实践。对于具体的政策执行者来说，同样要勇于以责任担使命，使相关的责任制度落地落实、发挥效力。

从制度设计角度分析，"两个责任"有着丰富的内涵，并不是一个抽象的概念；同时，"两个责任"之间又存在着辩证的逻辑关系，二者相互依存、相互促进、缺一不可。党委的主体责任是前提，纪委的监督责任是保障，对于纪检监察工作来说，"党委（党组）要发挥主导作用，统筹推进各类监督力量整合、程序契合、工作融合"[①]，这"三合"是对高校党委整合监督力量、发挥主导作用的要求，党委主要负责同志要整合资源和力量，发挥好主体责任的作用。

（一）党委主体责任

具体来说，党委的主体责任包括主体结构、责任内容和主体能力三个方面。

① 习近平. 一刻不停推进全面从严治党 保障党的二十大决策部署贯彻落实［J］. 党建，2023（2）：6.

《中国共产党党内监督条例》第三章明确了党委（党组）的监督职责及内容，指出，"党委（党组）在党内监督中负主体责任，书记是第一责任人，党委常委会委员（党组成员）和党委委员在职责范围内履行监督职责。"①

党委（党组）履行以下监督职责：

1. 领导本地区本部门本单位党内监督工作，组织实施各项监督制度，抓好督促检查；

2. 加强对同级纪委和所辖范围内纪律检查工作的领导，检查其监督执纪问责工作情况；

3. 对党委常委会委员（党组成员）、党委委员，同级纪委、党的工作部门和直接领导的党组织领导班子及其成员进行监督；

4. 对上级党委、纪委工作提出意见和建议，开展监督。

从监督的内容来看，党委的主体责任主要是要求党委（党组）发挥政治责任、承担直接责任、首要责任、全面责任，强调党委（党组）在党风廉政建设中的领导地位，做好表率，从严要求自己，发挥排头兵的典型示范作用，以高质量党建、高质量廉政引领队伍建设。通过分解任务强化监督职责，把责任层层传导到各个职能部门、每名党员、每位教职员工，突出党委（党组）是推进党风廉政建设的工作主体和推进主体。

1. 从主体结构上看

党委的主体责任主要包括党组织领导班子的集体责任、党组织主要负责人的第一责任、分管领导班子成员的领导责任。

党组织领导班子的集体责任主要是指党组织领导班子对职责范围内的党风廉政建设工作负有全面领导的集体责任，必须把党风廉政建设作为高校党的建设的重要内容，纳入重要议事日程，与学校的教学、科研等工作的发展同部署、同落实、同检查、同考核；党组织主要负责人的第一责任主要指学校的主要负责人是职责范围内的党风廉政建设第一责任人，必须对党风廉政建设重要工作亲自部署、重大问题亲自过问、重点环节亲自协调、重要案件亲自督办；领导班子其他成员根据工作分工，履行"一岗双责"，必须对职责范围内的党

---

① 中国共产党党内监督条例〔J〕. 中国纪检监察，2016（21）：63.

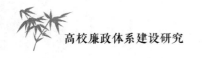

风廉政建设负主要领导责任，以时时放心不下的责任感履行好岗位责任。

2. 从责任内容上看

党委的主体责任具体表现在以下几个方面领导责任。

（1）全面领导责任。负责学校党风廉政建设和反腐败的整体工作，定期研究、分析、部署具体工作进度，严格执行各项监督制度，加强职责范围内的党内监督工作，既加强对本单位的内部监督，又强化对本系统的日常监督。

（2）教育责任。组织全校党员干部开展党风廉政教育，加强廉政文化建设；党组织主要负责同志要管好班子、带好队伍、管好自己，当好廉洁从政的表率。

（3）管理责任。做到一级管一级，层层抓落实，上级党组织特别是主要负责人，对下级党组织主要负责人应当平时多过问、多提醒，发现问题及时纠正；领导班子成员发现主要负责人存在问题，应当及时向其提出，必要时，可以直接向上级党组织报告。坚守正道、弘扬正气，坚持原则、恪守规矩，营造良好的政治生态。

（4）检查考核责任。对党风廉政建设情况定期检查考核，严格奖惩兑现；发挥巡视的利剑作用，发现问题、形成震慑，及时提出整改措施，接受组织监督；完成对干部德能勤绩廉的全面考核考察。

（5）示范责任。领导干部带头执行党风廉政建设责任制，做到勤政、廉政，每年要在党委常委会（党组）扩大会议上述责述廉，接受评议。选好用好干部，防止出现选人用人上的不正之风和腐败问题；坚决纠正损害群众利益的行为；强化对权力运行的制约和监督，从源头上防治腐败；领导和支持执纪执法机关查处违纪违法问题。

3. 从主体能力上看

党委的主体责任还指各级党组织建立完善腐败治理体系和实现腐败治理能力现代化的领导力，具体包括各级党组织在党风廉政建设和反腐败工作中的统筹能力、协调能力、治理能力和保障能力等。

（二）纪委的监督责任

与党委的首要责任、全面责任相比，作为党内监督的专责机关，纪委的监督责任是具体责任和主要责任。根据《中国共产党党内监督条例》第二十六条

的规定,纪委主要承担下列任务①:

　　(一)加强对同级党委特别是常委会委员、党的工作部门和直接领导的党组织、党的领导干部履行职责、行使权力情况的监督;

　　(二)落实纪律检查工作双重领导体制,执纪审查工作以上级纪委领导为主,线索处置和执纪审查情况在向同级党委报告的同时向上级纪委报告,各级纪委书记、副书记的提名和考察以上级纪委会同组织部门为主;

　　(三)强化上级纪委对下级纪委的领导,纪委发现同级党委主要领导干部的问题,可以直接向上级纪委报告;下级纪委至少每半年向上级纪委报告1次工作,每年向上级纪委进行述职。

　　各级纪委既要协助党委加强党风廉政建设和组织协调反腐败工作,加强对同级党委特别是常委会成员的监督,又要督查检查相关部门落实惩治和预防腐败工作任务,严肃查处各类腐败问题。监督责任明确了纪委既是党风廉政建设的监督主体和执纪主体,同时是问责主体和管理主体。具体而言,对纪委监督责任内容的分析可以从监督的地位、监督的客体或对象、监督的内容、监督的职责内容等方面着手。

　　从监督地位上看,纪委的监督责任是由纪委作为党内专门监督机关的地位所决定的。党的各级纪律检查委员会是从事党内监督的专责机关,履行监督执纪问责职责,具有不可替代的党内监督的权威地位和作用。纪委不仅要对腐败和不正之风问题进行监督,还应当监督党委,包括监督党委是否履行好其主体责任。高校纪委可以向党委提出党风廉政建设和反腐败工作的建议;在党委统一领导下,发挥反腐败组织协调作用,整体推进惩治和预防腐败各项工作;协助党委将党风廉政建设和反腐败工作任务分解到各部门,加强检查考核,促进各项任务落实。

　　党委的力量强大、方向正确,才能把好党风廉政建设和反腐败斗争的基本方向;只有发挥好"关键少数"在推动党风廉政建设和反腐败斗争中的重要作用,不断强化党委的主体责任,不断健全党风廉政建设和反腐败工作的领导体制和工作机制,才能树立和保障纪委监督地位的权威性,确保纪委监督责任的

---

① 中国共产党党内监督条例 [J]. 中国纪检监察,2016(21):63.

有效发挥。

纪委的监督责任强调的是如何通过进一步强化纪委作为党内专门监督机关的监督地位，明确纪委的执纪监督主责，确保纪委正确履行监督权力，全面提高监督能力，为进一步推进党风廉政建设和反腐败斗争提供保障。如《中共中央办公厅关于防止干部"带病提拔"的意见》（2016年）中明确规定："各级党委（党组）对选人用人负主体责任，党委（党组）书记是第一责任人，组织人事部门和纪检监察机关分别承担直接责任和监督责任。"①可见，纪委只有充分发挥监督责任，协助党委做好各项党内监督工作，才能保证高校内部的各项工作顺利进行，不违规、不逾矩，最终保证党委主体责任的有效履行。

（三）党委的主体责任和纪委的监督责任两者的辩证关系

党委的主体责任和纪委的监督责任既相互依存又相互促进。主体责任是总责、是全面责任；监督责任是具体的，有时只是一个方面的责任，是有没有尽到监督责任的问题。如果一个地方或部门党风廉政建设没有搞好，出现了严重的腐败问题，毋庸置疑，党委要负总责，承担主要责任，但纪委的监督责任也难以推卸。

党委的主体责任是前提，只有党委领导方向正确、坚强有力，才能保障高校党风廉政建设和反腐败斗争开展得更深入、更有效，也才能为纪委发挥监督责任提供良好的条件和制度机制。纪委的监督责任是保障，强调的是如何更好地发挥纪委作为专责机关的监督执纪问责作用，强化监督地位、明确监督主责，不断提高监督地位和能力，持续推进纪检监察机关"转职能、转方式、转作风"走深走实，更加突出主责，聚焦主业，为进一步推进高校的党风廉政建设和反腐败斗争提供坚强的保障。

（四）责任追究制度是两者联系的关键

党风廉政建设责任制是总体要求，党委负主体责任、纪委负监督责任是两个基本支点，责任追究制度是两个基本支点之间的联系，通过责任追究制度使两个基本支点之间形成了稳固的桥梁。

党委的主体责任定位使各级党委成为落实党风廉政建设责任的主体，按照

---

① 中国共产党常用党内法规规范性文件汇编［M］. 2版. 北京：中国法制出版社，2021：507.

规定和要求,党委"一把手"及班子成员是要基于为人民服务的原则开展工作的,在工作过程中要时刻牢记所承担的党风廉政建设责任要求。但由于受到各种内外部因素的影响,一些人在行使权力的时候往往忘记了初心使命,放松了对个人的约束,突破了底线,越过了红线,会严重影响主体责任的发挥,甚至使主体责任发挥错误作用,因此设置一个监督主体来从外部对权力的行使者进行监督成为一种必然选择。纪委作为党的纪律的执行者,天然地成为担任监督责任的主体。就是说,责任追究制度解决了纪委对党委监督责任的具体方式问题,成为党风廉政建设的最后一道"防火墙"。当高校的领导干部或者下属单位的领导在党风廉政方面出现严重问题的时候,校党委班子其他成员特别是"一把手"也要承担失察的责任,由纪委负责追究。"两个责任"制度的两个基本支点在责任追究制度的联系下有机统一在一起,形成一种完整的相互制约的机制,纪委必须做到依法追责、有责必究,不越位、不移位,更不缺位,进一步增强廉政体系建设的规范性、可操作性,确保建设要求真正落在实处。

具体来说,一般要求纪委要做到以下几点。

一是通过进行方式方法创新,建立倒逼问责机制,充分发挥"一案双查"甚至"一案多查"等的作用,做到"谁主管、谁负责,谁负责、谁承担责任",发现问题及时处理,层层抓落实,层层讲责任。

二是通过对考核结果的客观运用,层层传导责任压力,对工作认真、成绩显著的部门和个人,给予表彰奖励;对不履行职责的,实施责任追究;对群众反映强烈的进行提醒,综合运用考核结果,督促各高校的党委和纪委各尽其责。

三是坚决防止不追究责任或责任追究不到位情况的发生,确保责任追究有理、有力,"用好问责利器,既防止问责乏力,也防止问责泛化"①。在高校中要形成"每个人都有责任才能保证集体目标的达成"的主动和自觉意识,将党委每个成员的责任明晰化,建立权力运行清单、绘制办事流程图、健全工作规范制度和实行政务公开、阳光执法、案件回访等,对违反责任制规定的,严格追究责任,形成对权力运行的约束监督及风险防范的长效机制,以严格的责

---

① 新华社. 中国共产党第二十届中央纪律检查委员会第二次全体会议公报 [EB/OL]. 中华人民共和国中央人民政府,(2023-01-10)[2023-08-15]. https://www.gov.cn/xinwen/2023/01/10/content_5736150. html.

任追究提升制度执行的刚性。

第二节　高校在落实"两个责任"中存在的主要问题

党的十八届六中全会通过了《关于新形势下党内政治生活的若干准则》（以下简称《准则》），开启了全面从严治党新征程。《准则》中进一步指出："加强和规范党内政治生活是全党的共同任务，必须全党一起动手"①落实党委主体责任和纪委监督责任，这就从党的制度建设角度提出了落实"两个责任"是全党的共同工作。高校落实"两个责任"，除了要求党委、纪委自身的落实，还要有广大教职员工的积极参与，必须以党章党规为遵循，以"四个意识"为标尺，以正风肃纪为重点，坚持以上率下，层层传导压力，全面落实管党治党的政治责任，持续深化风清气正的政治生态建设，推动全面从严治党"两个责任"落地见效。②

党的二十大报告中将落实党委主体责任放到党的政治建设的高度，提出"加强党的政治建设，严明政治纪律和政治规矩，落实各级党委（党组）主体责任，提高各级党组织和党员干部政治判断力、政治领悟力、政治执行力。"③可见，落实主体责任，既是党中央对新时期全党反腐败斗争形势的深刻认识，又是深入推进党风廉政建设的重大决策，更是坚持党要管党、全面从严治党、落实党风廉政建设责任制的重大战略举措。过去，人们更多地认为，落实党风廉政建设责任制是纪委职责，从而导致在一些地方基层党委不能正确履行主体责任，特别是少数"一把手"缺乏主体责任意识，致使党风廉政建设责任制的落实流于形式，导致腐败易发多发，严重地影响党的形象和声誉，因此需要经常发现问题、分析问题，进一步明确责任，减少问题的发生。

---

① 中国共产党党内重要法规学习汇编：关于新形势下党内政治生活的若干准则［M］. 北京：中国法制出版社，2019：216.
② 中国共产党新闻网. 深化落实"两个责任"　推进全面从严治党［EB/OL］. 中共西安市委监委网站，（2017-01-23）［2023-08-15］. https://xian.qinfeng.gov.cn/info/1064/10730.htm.
③ 习近平. 高举中国特色社会主义伟大旗帜　为全面建设社会主义现代化国家而团结奋斗：在中国共产党第二十次全国代表大会上的报告［M］. 北京：人民出版社，2022：64.

一、高校在落实党委主体责任方面存在的主要问题

（一）思想认识不足

在思想认识方面存在的主要问题是党委对于履行主体责任的认识不足、重视程度不够，具体表现在以下方面。

一是重形式轻内容，使工作流于形式。注重以会议落实会议、以签发文件、签责任状等形式性的工作落实主体责任，重形式、轻内容，将业务工作放在主业，对党风廉政建设的地位重视不够，还有的领导怀着不求优秀、但求无过的心理。由于思想观念还没有真正转换过来，致使落实党风廉政建设主体责任的积极性和主动性大打折扣。

二是忽视对下属领导干部的教育和监督。近些年纪检监察机关在查办案件、开展反腐败斗争中取得的成绩赢得了广大民众的点赞，因此很多人都把开展党风廉政建设和反腐败斗争的责任看成纪检监察机关的事情，只需"党委挂帅、纪委出征"就行。在高校中表现为党委对贯彻落实责任制只满足于一般部署与要求，缺少具体的指导和检查落实。学校也按照要求设置了责任制领导小组，但是只停留在以会议贯彻会议上，没有做到履职尽责，甚至形同虚设，很少研究党风廉政建设工作。个别高校的主要负责人认为落实党风廉政建设责任制是虚功，是软指标，只要纪委书记主抓、在做，就可以应付检查，高校要以教学和科研为主，且属于"清水衙门"，不会起啥"大风浪"，从思想上对党风廉政建设责任制没有引起足够的重视。

（二）责任分解不清

党风廉政建设"两个责任"中规定，党委负主体责任，纪委负监督责任，而责任分解不清，一方面表现在党委不愿承担或者不知道如何承担主体责任，另一方面是一些纪委干部也未真正担负起监督责任，承担了许多监督之外的行政管理工作，承担本该由党委负责的党风廉政建设工作，监督工作泛化或者是弱化，致使纪委在党风廉政建设工作中出现失位、移位或者越位现象。

通常，高校也会在厘清责任时签署"责任状"，但是这份"责任状"是否

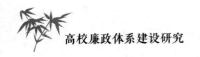

针对本校的实际情况，能否反映学校的真实业务，是否具有可操作性，这些都会决定责任划分是否清晰。之所以这样说，是因为有的学校直接抄袭借鉴其他学校的"责任状"内容，存在上行下效、不切实际的问题，导致反腐倡廉重点工作牵头部门、参与部门的职责、目标、任务不清，在具体操作时感到很为难，最终结果必然是使责任制的落实只停留在表面上，成为一句空话。由于责任划分不清，也会导致责任考核流于形式化。为了简单起见，大多数高校还是以定性考核、内部考核为主，并没有明确"依靠群众支持和参与"的具体办法，考核指标界定不清楚，缺少量化指标、细化举措。

（三）考核制度不全

要想落实好"两个责任"，只停留在口头和纸面上不行，必须健全相关的考核制度，制定出具有可操作性和指导性的个性化考核方案。从调查结果发现，尽管各高校对党风廉政建设工作的呼声很高，但是什么样的高校做的是好的，哪些高校做的不足，却难有规范的评价标准，也没有相关的制度或指导意见。因此，仍然有高校党委（党组）没有根据分岗位廉政风险防控点的不同而制定系统性考核评价体系，尤其是提供不出定性与定量相结合的符合本校实际的科学合理的考核评价系统。大部分是采取年初分解、半年汇报、年终考核的固定模式，而且多表现在写报告、做总结、大会发言的层面上，形式比较单一，没有很好地发挥考核指挥棒的导向作用。

（四）考核结果应用不足

考核工作一方面是对已有工作效果的检验、对相关意见的收集，另一方面是为下一步改进工作提供依据和参考，因此，有效的考核方法和客观的考核结果有很大的运用价值。但是如果"两个责任"划分不清，就会出现奖惩不分明的问题，往往会导致"干好干坏一个样，谁干都是这个样"的结果。有的领导经常做老好人，在责任追究时不愿下狠手，仅限于通报批评、诫勉谈话等，较少给予组织处理和党纪政纪处分，甚至存在重大腐败案件中主要领导干部"毫发未伤"的情况，干部推荐使用时也未能作为重要参考依据被提出来。主要领导"只尽责不负责，只履职不担责"，"躲、怕、绕"追求责任，忽视对党风廉政建设责任制的监督检查和落实，对重点岗位、重点领域、重点环节的廉政风险防控跟踪监督检查活动及结果经常流于形式、走马观花，没有起到纠错警醒作用。

（五）责任执行不力

中共中央、国务院颁布的《关于实行党风廉政建设责任制的规定》及"两个责任"的提出具有指导性，为进一步开展工作指明了方向，属于总体性要求，在落实过程中需要各部门结合实际制定具体的、可操作的指标。一些高校仅照搬上级文件，没有细化和分解责任，二级院系更是制度缺失，党风廉政建设责任制执行困难，出现了违纪问题也难以追究到责任；一些高校虽然根据本校实际细化和明确了责任，但在落实过程中没有严格要求，没有发动广大师生的力量，责任制被束之高阁，责任落实措施乏力。少数党组对落实党风廉政建设文件精神和相关规定疏于学习、疏于研究、疏于落实，还是依照往年落实党风廉政建设精神的老套路在抓党风廉政建设工作，出现了落实上的形式主义问题。还有的是在制度执行上走了样，依旧存在将制度停留在纸上的现象，在制度制定和执行上"一手硬一手软"。

二、高校在落实纪委监督责任方面存在的主要问题

党的十九大以来，纪检监察体制改革在稳步推进，不仅出台了相关制度，更是从上至下采取了一系列行动。2019年年初，一则任职决定引发广泛关注："经中央纪委国家监委同意，并与中共湖北省委商得一致，中共教育部党组决定：万清祥同志任中共武汉大学纪律检查委员会书记。"中管高校的纪委书记第一次由中央纪委国家监委会同教育部党组提名、考察和任命。这是推进纪检监察工作双重领导体制具体化、程序化、制度化的生动体现。同时还有，完善对下级纪委监委"两为主一报告"、对派驻机构"三为主一报告"机制；推动派驻机构考核以派出它的纪委监委为主，……为有效发挥纪检监察机关专责监督作用提供了有力支撑。①这一案例也对高校纪委执行监督责任释放了信号、提供了遵循。

---

① 黄武. 一体推进"三项改革"，不断提高纪检监察工作规范化法治化水平：将改革制度优势切实转化为治理效能［J］. 中国纪检监察，2020（1）：27.

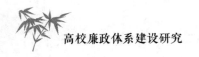

高校纪委的监督责任主要体现在对高校党员领导干部在各自的岗位上行使权力及履行职责等方面的工作情况进行监督。纪委作为党内监督部门，其部门的设置、地位以及任务都在党的章程中作出了明确规定。高校纪委担负的监督责任，既是高校纪委必须承担的政治责任，也是高校纪委的历史使命。伴随着我国高等教育跨越式的发展，高校中产生一些容易滋生腐败的部门和领域，高校纪委在加强监督工作中虽然发挥重要作用，取得一定的成绩，但同时也存在着一些不足，面临着一些亟待解决的问题。

（一）各级领导干部监督意识仍需要加强

这里所说的监督意识不强，是指在部分高校中，纪委工作人员还没有把党风廉政建设的监督作为促进高校自身发展和高校党建工作的一项重要工程来抓，没能有力有效地按照各项规章制度要求行使监督权力，而是用学术成就或学科建设成果来掩盖廉政体系建设方面的不足。此时，纪委在监督工作中也常常以被监督部门的科研成果等硬性指标作为衡量其工作成绩的标准，疏于对其廉政方面的监督。如为了促进学校的学科发展和科研的跃升，为了申请到更多的课题及经费，相关部门可能会有一些违规违纪的操作、有一点不廉不洁的行为，纪委在监管过程中则采取了漠视的做法，纵容了事件的继续发生。另外，由于党委主体责任和纪委监督责任划分得不是很明确，导致高校中党内监督的主体与客体之间在职责、权限等方面存在着相互交叉重叠、边界不清晰、各自的职责范围不明确等问题，一方面使高校纪委工作人员权力重复，另一方面使监管工作存在着一定的疏漏，导致纪委的监督意识和监督工作都缺乏力度。

（二）监督执纪问责各职能存在薄弱环节

李希在二十届中央纪委二次全会上的报告中对完善党的自我革命制度规范体系作出了总体设计和要求，指出："按照党委统一领导、全面覆盖、权威高效的要求，推动完善纪检监察专责监督体系，促进纪律监督、监察监督……发挥党内监督主导作用，促进党内监督与人大监督、民主监督、行政监督、司法监督、审计监督、财会监督、统计监督、群众监督、舆论监督等有机贯通、形成合力；……把日常监督做细做实，使监督常在、形成常态。发挥审计在反腐治乱方面的重要作用，加强与审计机关协调配合，用好审计监督成果。强化对'一把手'和领导班子的监督,督促其严于律己、严负其责、严管所辖。"①就是说,完善的制度规范体系突出监督的作用,推动建设专责监督体系、党内监督体系、各类监督贯通的协调机制和基层监督体系的合力监督体系,这也是纪检监察系统对党的二十大报告中提出的"完善权力监督制约机制"要求作出的第一个格局和规划。

目前尚有大部分高校没有建立起一套全覆盖、切实有效的监督体系。不仅对同级党委特别是对常委会成员的监督力量不强、制度不全,难以建起有效的监督体系;同时,纪委的工作运行、各类监督贯通、协调的机制也缺少设计,基层的监督有形式,但执行过程难有保证。一是一些纪检监察干部缺乏敢于斗争善于斗争的意识,特别是发现党委在落实党风廉政建设责任制方面有违上级规定、发生违规违纪现象、个别干部为政不廉等情况时,不敢发声、不愿发声,不能及时提醒和制止,使监督链条中断、执纪的效力也难以发挥。二是对一些重点部门和关键领域的监督不够,有缺位。部分高校由于廉政体系不健全,对招生考试、科研经费、基本建设、财务管理、招标投标、后勤服务、校办企业等廉政风险比较突出的领域,监督难以做细做实,没有形成常态化,存在监管死角。

(三)监督执纪过程失之于软、失之于宽

部分高校纪委履行执纪职责不到位,对一些特殊重点人群的管理失之于软、失之于宽,尚未形成有力威慑。如高校中的主要教职员工偏重教学科研任务,投入的精力比较多,对于廉政法规的学习重视程度不够,廉洁自律意识还比较淡薄。有些领导干部落实"一岗双责"意识不强,缺乏担当精神,对党风廉政建设和反腐败工作抓得不够,甚至有的有麻痹大意心理。还有一些干部属于"双肩挑"、平时的教学科研工作压力大,管理工作任务重、头绪多、难度大,对党风廉政建设的重要性和复杂性认识不足。这些享有监督权的主要群体在监督上投入的时间少、掌握的监督技能差,自然会导致监督执纪的这一手比较软、比较弱。

---

① 李希. 深入学习贯彻党的二十大精神 在新征程上坚定不移推进全面从严治党:在中国共产党第二十届中央纪律检查委员会第二次全体会议上的工作报告 [M] // 党的十八大以来中央纪委历次全会文件资料汇编. 北京:中国方正出版社,2023:552-553.

（四）纪检监察干部能力水平还有待提升

十九届中央纪委五次全会上首次提出了"新型腐败"的概念，党的二十大报告中提出了"新型腐败和隐性腐败"的新概念，由此可见，未来我们在腐败治理中的工作重点将以"新型腐败和隐性腐败"为重点。从近些年开展反腐败斗争的成绩单来看，新型腐败更多地属于"腐败增量"，"一方面是新形势下滋生的腐败类型，不同于以往的传统腐败；另一方面，新型腐败是传统腐败的再加工再升级，属于典型的不收敛、不收手，顶风作案"①。由于腐败现象呈现的这些多元化、多样化、复杂性、隐蔽性的特点，开展反腐败斗争的形势比较严峻，对高校纪检监察干部队伍能力水平提出了挑战。对于非专业出身的人员、行业经验较少的人员、还不完全适应"三转"新要求的纪检监察干部来说，还需要提升查办案件能力，提升斗争本领，设法解决在线索核实、调查取证、纪律审查、案件定性等方面常常感到力不从心的问题。另外，很多纪检机关编制有限，人员紧张，结构不合理，很难满足艰巨繁重的反腐倡廉任务，迫切需要现有人员不断提升能力水平，发挥出更大的作用。

第三节　以落实"两个责任"促进廉政体系建设的对策

2023年1月9日，习近平总书记在二十届中央纪委二次全会上对全面从严治党体系提出了坚持"内容上全涵盖、对象上全覆盖、责任上全链条、制度上全贯通"的要求，其中再次强调了"两个责任"："坚持责任上全链条，压实各级党委（党组）全面从严治党主体责任、各级纪委的监督责任，推动各级党委（党组）书记扛起第一责任人责任、领导班子其他成员切实担负'一岗双责'，让每名党员、干部行使应有权利，履行应尽责任，做到权责对等，失责必问，压力层层传导，责任环环相扣，切实增强管党治党的责任感使命感，巩固发展全党动手一起抓的良好局面"②。结合当前高校党委、纪委工作实际，要落实

---

① 法制日报. 新型腐败手段更加隐蔽 创新反腐败思路 治理新型腐败［EB/OL］.（2022-12-05）［2023-08-15］. https://m.gmw.cn/baijia/2022-12/05/36209275.html
② 习近平. 健全全面从严治党体系 推动新时代党的建设新的伟大工程向纵深发展［J］. 求是，2023（12）：5.

好党委党风廉政建设的"两个责任",可以从如下几个方面下功夫。

一、明确重要性,解决为什么落实的问题

党要管党,全面从严治党,是中国共产党开展自身建设的一贯要求和根本方针,高校落实好"两个责任"是落实这一根本方针的重要途径,可以为开展党风廉政建设和反腐败斗争提供有力的制度支撑。各级党委和纪委要深刻认识到落实"两个责任"的重要意义,切实担负起落实"两个责任"的重大任务,自觉当好党风廉政建设和反腐败斗争的领导者、执行者、推动者。

(一)落实"两个责任"是新时代适应严峻反腐形势的需要

"伟大斗争、伟大事业、伟大梦想、伟大工程",这"四个伟大"之首是"伟大斗争",党的十八大以来,党中央把党风廉政建设和反腐败斗争提升到"关系党和国家生死存亡"的新高度来认识,要求严格落实党风廉政建设"两个责任",锲而不舍地纠治"四风"。对此,高校领导一定要有清醒的认识,明晰新时代条件下开展反腐败斗争的严峻性,始终保持清醒的头脑,调动一切资源和力量做好各项应对工作。

(二)落实"两个责任"是履行《中国共产党章程》赋予重要职责的需要

《中国共产党章程》和中共中央、国务院《关于实行党风廉政建设责任制的规定》中,都明确了各级党委应肩负的重大责任,提出领导班子主要负责人是职责范围内的党风廉政建设第一责任人。可以说,明确"两个责任",是《中国共产党章程》基本要求的回归和落实,是对党委和纪委职责定位的厘清和规范。

(三)落实"两个责任"是推进健全反腐败体制机制的需要

党的十八届三中全会对落实党风廉政建设和反腐败斗争工作明确提出"两个责任、两个为主、两个全覆盖"的要求,其中的"两个责任"是反腐败体制机制改革的要害所在,是深入推进党风廉政建设和反腐败斗争的关键。抓住了

这个要害，党风廉政建设和反腐败斗争才会明确责任人、明确责任内容、明确失责追究，与之相联系的"两个为主、两个全覆盖"也会得到实现；牵住了"两个责任"这个"牛鼻子"，高校风清气正的政治生态才有更强的保障，干事创业的环境也才能做到清清爽爽，回归大学的"净土"。

（四）落实"两个责任"是整合力量开展反腐败斗争的需要

党的十八大以来，各级各部门对党风廉政建设和反腐败斗争的重视程度越来越高，参与斗争的自觉性越来越强，迫切要求破除在"两个责任"认识上存在的误区，对于反腐败重要性认识不到位、对反腐败斗争的严峻形势认识不清醒、对中央反腐败力度的加大不适应等诸多问题都需要相关部门通过宣传教育来改变，这样的问题不解决，"两个责任"就难以得到真正落实。因此，各高校党委、纪委要高度重视意识提升问题，通过整合各种反腐败斗争的力量和资源，明确责任分工，明确工作流程，形成反腐合力，切实解决好为什么落实"两个责任"的问题。

二、知晓责任范围，解决责任是什么的问题

要想落实落细"两个责任"，就必须让每个人知晓自己应该负哪些责任，这就涉及以什么方式告知责任主体、以什么方式宣传责任和落实责任的问题。党委首先要主动带头执行责任制，起到以上率下的作用，重大问题、重要节点、重点工作都要亲自过问、经常过问，突出作为责任主体时时放心不下的责任感。领导班子其他成员首先要种好自己的责任田、管好自己的分内事，以具体行动响应党委的授权和分工。纪检监察部门要按照《中国共产党廉洁自律准则》《中国共产党党内监督条例》《中国共产党巡视工作条例》《中国共产党纪律处分条例》《党委（党组）落实全面从严治党主体责任规定》《中国共产党纪律检查机关监督执纪问责工作规则》及大学章程等开展工作，履行监督执纪问责的职能。内部明确了责任分工后，要对外公开，让广大教职员工充分发挥起民主监督、党内监督、党外监督等作用，确保权力在阳光下运行、责任在阳光下履行，对不能履责的要及时查明问题，必要时要及时追究责任，确保学校工作无死角、全覆盖、全链条、环环有责任人。

总之，当务之急是要在高校构建纵向到底、横向到边的完整的责任链条和工作格局，形成分级、分片、分块负责的领导体制和工作机制，自上而下、一级抓一级、一级对一级。具体办法可以通过责任清单的方式对责任的内容进行明确，也可以通过定期开展各种活动、召开党委会、专题汇报会、研讨会等形式进行通告或宣传，还可以制定落实"两个责任"的工作分工方案，进一步细化实施方案、工作流程、相关制度，明确具体项目的负责人，确保各项任务、各项制度有章可循、有据可依。对责任要实行分级负责、分口负责、分项负责，明确责任主体，通过建立健全责任体系，构建党委书记负总责、纪委监督协调负责、部门各负其责、上级对下级负责的机制，确保各责任主体主动作为、各司其职。

三、强化担当意识，解决责任主体是谁的问题

高校党委、纪委及各级领导干部要强化责任担当意识，在问题面前不畏难、不怕事，敢于啃硬骨头，才能更好树立威信，为人民代言、为执纪监督立威，新时代领导干部政治过硬、能力过硬、作风过硬都要以责任过硬为前提。要时刻强化责任意识，把"两个责任"放在心上、扛在肩上、抓在手上，切实达到"重任在身，肩膀绝不会软"的境界。要通过"强化责任自省意识""责任效能意识""责任合力意识""责任安全意识"[①]来强化领导干部的担当意识，促进落实"两个责任"。

（一）端正态度，强化责任自省意识

万事开头难，难就难在态度，只有真心重视，态度端正，才能心中有责，责任自省意识才能起到主导作用。"责任比能力更重要"的意思是说，即使能力低，也可以通过锲而不舍的努力使效果得以提升，"以责任担使命、以奉献写忠诚"才是共产党员的真实写照。高校领导班子首先要将党风廉政建设和反腐败斗争的任务纳入学校发展的总体布局中，纳入领导班子、领导干部的年度目标管理中，对这一工作进行统一设计、统筹规划、统一落实、统一考核。

① 赵桂英，田雪梅. 论新时代领导干部责任担当意识的强化［J］. 学校党建与思想教育，2022（8）：35-37.

2020年3月颁布的《党委（党组）落实全面从严治党主体责任规定》中明确指出："党委（党组）可以根据本规定，结合实际制定责任清单，具体明确党委（党组）及其书记和领导班子其他成员承担的全面从严治党责任。制定责任清单，应当坚持简便易行、务实管用"。①这一规定要求高校的党委领导要将廉政体系建设作为学校制度规范体系建设的重中之重来抓，通过"书记抓、抓书记"，"重点抓、抓重点"等思路，层层分解任务、落实责任，并推动各种监督主体积极行动起来，监督各项工作的进展和成效。

（二）实事求是，强化责任效能意识

能否做到实事求是是领导干部树立正确的政绩观的前提。所谓"为官一任、造福一方"，对于高校的发展来说，不仅包括教学、科研、学科建设，还要有教职员工在成长和发展中能否有风清气正的环境，更要有学校内涵式发展、高质量发展所产生的社会影响力，有对中国特色社会主义现代化强国建设的推动力。因此，高校领导的责任效能意识应该是"目的正确性、工作方法手段的科学性和结果的有效性高度统一于工作实践之中"的②，要从学校发展的实际出发，以党的领导为基本遵循，

强调扎根中国大地办社会主义大学，要把握政治方向，强化教育教学质量，强调大学的依法治理。如：主要负责同志在履行第一责任人的责任时要坚持做到"六问"：讲廉政道理时，先问问自己是否对"两个责任"搞清弄懂了；提廉政要求时，先问问自己在落实"两个责任"上是否做到了以身作则；抓廉政建设时，先问问自己是否履行了领导责任；督查廉政工作时，先问问自己是否把自我置于监督范围之内了；查处重大案件时，先问问自己是否亲自协调推动处理了；追究责任时，先问问自己是否也有责任③，把这六个问题回答好了，才能真正体现出第一责任人的务实担当。

---

① 本书编写组：监督执纪基础法规［M］. 北京：中国方正出版社，2021：199.
② 赵桂英，田雪梅. 论新时代领导干部责任担当意识的强化［J］. 学校党建与思想教育，2022（8）：36.
③ 孙立坤. 知责担责履责问责：对落实党委党风廉政建设主体责任的思考［EB/OL］. 焦作市教育局.（2014−11−05）［2023−08−15］. http://jyj.jiaozuo.gov.cn/kszc/zcjyk/zhxx/11/46603.shtml.

(三)注重创新,强化责任合力意识

高校工作要想力度大、效果好,就必须做到全员行动、目标一致,高校的党委、领导、主要负责同志首先要通过不断创新工作方式方法,充当起党组织和普通教职员工之间的黏合剂,达成责任共识、利益共同体,从而凝聚起奋发有为的力量,实现集体力量办大事的合力。

按照《党委(党组)落实全面从严治党主体责任规定》,高校党委要认真研究内部的党员、干部、基层组织、群众、各类传播媒介的特点和规律,使其与学校发展同向发力,并形成监督合力。另外,在制度体系建设方面,除了要有相关的教学、科研规范运行的制度体系,还要有开展党风廉政建设和反腐败斗争的相关廉政制度体系,并使这些制度形成合力,成为学校发展的重要保障。要激励广大干部群众干事创业,还要有相关的激励政策、相关的容错纠错机制,尽量做加法、用正向激励手段,使大家愿为、敢为,以"让每个人都融入学校的发展,让每个人都成功,让每个人都快乐"为原则。对于能力不足而"不能为"、动力不足而"不想为"、担当不足而"不敢为"的人,要及时提醒、教育、培养,做到权力运行到哪里,党风廉政建设的职责就延伸到哪里,责任就担当到哪里。党员干部要不断锤炼敢于担当的精神、勇于担当的魄力和善于担当的素质,不回避、不推脱、不遮掩,为学校的创新发展营造良好的环境和条件。

(四)依法治校,强化责任安全意识

高校的治理,不仅要遵守基本的宪法、法律、法规,还要按照大学章程的相关规定进行。对于领导干部个人而言,首先要知法懂法,按照法律规定办事,知道哪些是工作中的底线和红线,做到既照章办事,又能不断创新,能将原则性和灵活性相结合。同时作为一名党员,还要把纪律和规矩挺在前面,守好党员干部的底线和红线,这样才能要求别人讲政治、懂规矩、守纪律。高校以立德树人为己任,如果领导干部层面没有强化责任安全意识、没有纪律规矩意识,就会随时产生"破窗效应",产生严重不良的社会影响。近些年曝光的高校师德师风问题,就是没有责任意识、安全意识、突破了法律和道德的底线,突破了纪律和规矩,造成了极坏的社会影响。

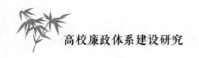

四、用心履行责任，解决责任怎么落实的问题

履行责任不能仅挂在口头、落到纸面上，还要真正地落实到工作中。

（一）如何履行好党委的主体责任

对于高校党委履行主体责任来说，一是要做到选好用好干部。这是保证大学依法运行的人才队伍保障。要严格按照新颁布的《党政领导干部选拔任用工作条例》《推进领导干部能上能下若干规定》《关于进一步激励广大干部新时代新担当新作为的意见》《党政领导干部考核工作条例》《干部选拔任用工作监督检查和责任追究办法》等规定，按照好干部的"五条标准"，把高校中具有"信念坚定、为民服务、勤政务实、敢于担当、清正廉洁"特点的干部选拔出来。对于过去出现的选人用人上的不正之风和腐败问题，要从制度建设角度解决好，坚决防止再次出现，夯实党风廉政建设和反腐败斗争的组织基础。

二是应当建立党风廉政建设责任制的检查考核制度，建立健全检查考核机制，制定检查考核的评价标准、指标体系，并尽量保证这些标准和体系要与学校的整体发展相融合，具有针对性、可操作性，要有完整的考核内容、方法、程序的规定，还要有相关的实施监督机制，保证制度的落地落实。

三是对违规违纪行为要勇于斗争善于斗争，敢于担当，敢于亮剑。除了要通过教育宣传等途径提升大家的反腐败意识，做到源头治腐，还要结合高校发展特色，积极支持执纪执法工作，为执纪执法机关开展工作创造条件，把预防腐败的要求体现和落实到各项改革和制度建设中，将制度建设贯穿到党风廉政建设和反腐败工作始终。

四是通过构建决策科学、执行坚决、监督有力的权力运行体系，对权力行使形成制约和监督，形成科学有效的权力制约和协调机制。

五要发挥示范引领作用，带头廉洁从政。要当清醒人、明白人，不越"雷池"、不踏"红线"，不能用习惯代替政策，不能用感情代替规定，不能把要求当成摆设，不能存有侥幸心理，要通过"一把手"以身作则、以上率下，在全校形成廉荣贪耻的文化氛围，营造风清气正的良好环境。

（二）如何履行好纪委监督责任

高校纪委的监督执纪问责工作重点主要表现在四个方面：一是当好党委主体的参谋助手，二是持之以恒抓好作风建设，三是以"零容忍"态度惩治腐败，四是监督（由于本书有专章论述，这里不展开）。要检查纪委是否落实好了监督责任，可以通过构建完善的检查考核机制来实现。通过细化考核内容，明确"考什么"，优化考核办法，明确"怎么考"等方式，达到推动纪检监察工作体制创新、制度健全的目的。建议采纳管理学中的360度绩效考评的方法，将纪检监察工作纳入大家的监督范围，将定性考核与定量考核相结合，让考核过程和结果都"看得见、摸得着"。

五、构建责任体系，解决责任如何追究的问题

2014年5月6日至12日，中共中央政治局常委、中央纪委书记王岐山同志在与部分中央国家机关和中央企业国有金融机构负责同志座谈时强调："坚持党要管党、从严治党是各级党组织的责任所系、使命所在，落实党风廉政建设主体责任和监督责任关键看行动、根本在担当"。[1]高校落实党风廉政建设"两个责任"中党委的主体责任是前提，纪委的监督责任是保障，二者相互促进，缺一不可，而完善的责任制度体系则是实现责任追究的保障。责任追究是落实党风廉政建设责任制的最后一道防线，守不住这道防线，责任制就会流于形式、陷入空谈。要制定责任追究具体办法，形成责任分解、检查监督、倒查追究的完整链条，严格依法依纪按程序追责，防止以问责代替法纪追究，使责任追究经得起历史检验。

具体来说，可以从如下几方面努力。

一要健全责任分工制度。在高校的党风廉政建设和反腐败斗争中，党委既是领导主体、落实主体，也是工作主体、推进主体；纪委既是监督主体、执纪主体，也是问责主体。各级党委、各级纪委要构建完善的责任体系，做到各司其职、各负其责，按照"谁主管、谁负责"原则，层层传导压力，层层落实责

---

① 王岐山强调：落实主体责任和监督责任　关键看行动　根本在担当［EB/OL］.（2014-05-12）［2023-08-15］. 中共中央纪律检查委员会网站.

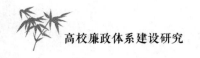

任，把责任分解到岗位、落实到人，一项一项跟踪问效。

二要健全责任落实制度。履行好"两个责任"的关键在以担当保落实。各级党委、各级纪委要切实把党风廉政建设和反腐败斗争作为自己的分内之事、应尽之责，把自己的担子担起来、把职责履行好，让党风更好起来，政风更清起来，学风、教风更正起来，为反腐倡廉建设增添新动力、凝聚正能量。对于在高校中出现的抓党风廉政建设不力或不履行职责，出了问题不报告、有了案件不查处的，要严肃追究党委、纪委的责任。

三是健全督导检查制度。要通过督导检查，紧盯"不落实的事"、严查"不落实的人"，对不作为的严厉问责，对乱作为的严肃惩治，对慢作为的限期整改，以问责教育干部、监督干部。做到守土有责、守土负责、守土尽责，做到有错必纠、有责必问。

四是健全廉政预警机制。之所以在高校出现违纪违法、师德师风失范的问题，主要原因就是有些人出现了廉洁意识缺失、廉洁底线失守的问题，因此高校的责任监督体系中理应包括廉洁意识的预警机制建设。高校要通过各种途径常态化地开展廉洁教育，提高打造特色的校园廉洁文化，形成廉洁共识，推动师生员工的自我净化、自我完善、自我革新、自我提高的水平，形成廉洁意识的无形的"软约束"，从源头上降低廉政风险。

第四章　健全完善监督体系
推动高校廉政体系建设

　　党的十八大以来，随着党中央推进全面从严治党和反腐败斗争工作的深入，高校反腐倡廉建设呈现出良好的发展态势，坚持反腐败无禁区、全覆盖、"零容忍"的监督要求和标准已经扎实落实在高校的各项工作中。但也要清醒地认识到，近几年，随着国家对高校投入的不断加大，各种规章制度的滞后和不完善使多种消极腐败问题仍时有发生，各种贪腐案件、违纪违法现象时有呈现，且手段相对更加隐蔽。因此，新时代高校纪检监察工作所面临的新任务更加艰巨、要求也更加严格。

　　纪委的主要工作职责是监督执纪问责，其工作成效直接反映的是高校反腐败工作的决心及具体工作成效。为进一步把监督职责履行到位，要强化监督体系建设，确保监督不留死角、没有空白，只有全面从严、全面发力，才能夺取反腐败斗争压倒性胜利。在全面从严治党的新形势下，定位向监督聚焦、责任向监督压实、力量向监督倾斜，迫切需要探索出一套行之有效的监督方式方法，以适应新时代高校纪委的工作要求。

　　近几年的统计数据频频暴露出高校违纪违法案件的数量呈上升和高发态势，腐败案件触目惊心，就高校领导干部被通报或处分的频率来说，几乎平均一周就会有一个高校领导干部触犯法律法规而落网，既暴露出部分高校权力运行机制的不健全、不规范，也暴露出高校纪委监督工作的薄弱状态，与实现"把权力关在制度的笼子里"的目标还存在一定差距。

　　问题产生的原因有很多方面，包括高校纪检监督体制和机制方面的问题；包括具体的方式方法落后问题，以及纪检监察工作人员能力的差距等问题。总体上来说，目前高校纪委监督工作有力有序的效果已经有所提升，但是协同衔接不够顺畅的问题比较突出，工作中循规蹈矩缺乏改革创新举措，日常监督不够严格，形式过于单一，长期一个模式或一种方法，监督效果不强等问题仍然存在①。总结主要表现，可以概括为"四少四多"："第一，事中监督多，而事前和事后监督少；第二，被动监督多，而主动监督少；第三，实体性监督多，而程序性监督少；第四，随机监督多，而全程监督少。"②。

"监督是权力正确运行的根本保证，是加强和规范党内政治生活的重要举措"③。监督方式方法上存在问题，会直接导致部分高校纪委监督工作的前瞻性和预见性较差，廉政风险率增高，常处于被廉政问题牵着鼻子走的应对状态。有些高校纪检监察人员政治素质不高，政治敏锐性不强，对一些倾向性、突发性的廉政问题缺乏应有的预见和应对，出了问题往往是吓一跳，等事情大了才想着如何去应对，矛盾激化了才想着如何去化解，使得纪委监督工作处于"头痛医头、脚痛医脚"的尴尬境地。因此，构建纪检监督体系对提高高校纪委惩治和预防腐败的能力水平、更好地提升纪检监察系统工作的实际效果具有重要的制度保障作用。

第一节　明确定位高校纪委的监督对象

党的二十大报告中明确要求"以党内监督为主导，促进各类监督贯通协调"④。2023年4月，中共中央印发了《中央党内法规制定工作规划纲要（2023—2027年）》，在完善监督制度方面，提出修订《中国共产党党内监督条例》，完善以党内监督为主导、各类监督贯通协调的机制，把监督制度优势更好转化为治理效能。对我们党而言，党内监督是第一位的监督。二十届中央纪委二次全会对构建新型的监督体系作出了规划："推动完善党内监督体系，健全党委（党组）全面监督、纪律检查机关专责监督、党的工作部门职能监督、

---

① 习近平. 论党的自我革命 [M]. 北京：党建读物出版社，中国方正出版社，中央文献出版社，2023：292.

② 邵学汶，王兆东，刘英侠. 推进高校纪委监督工作方式方法的创新 [J]. 大连大学学报，2016，37（1）：58.

③ 中国共产党重要党内法规学习汇编 [M]. 北京：中国法制出版社，2019：213.

④ 习近平. 高举中国特色社会主义伟大旗帜 为全面建设社会主义现代化国家而团结奋斗：在中国共产党第二十次全国代表大会上的报告 [M]. 北京：人民出版社，2022：66.

党的基层组织日常监督、党员民主监督的工作格局"①。高校纪委作为党的执纪部门、监督的专责机关，相对来说，落实监督执纪的责任更重要，需要认真研究《中国共产党党内监督条例》的相关要求和具体执纪规范，研究分析监督对象的性质，有针对性地开展工作。

高校纪委所监督的对象主要包含四个部分。

一、加强对高校贯彻落实党和国家方针政策情况的监督

新时代的高校，要更加坚定党的领导，紧密团结在以习近平同志为核心的党中央周围，落实党的各项方针政策，增强"四个意识"、坚定"四个自信"、做到"两个维护"。同时要以落实党的历次代表大会精神为指导，尤其是要有坚定的政治立场和正确的政治方向，纪委则要加强对这些政治意识和政治方向的监督。加强高校对上级各部门精神贯彻执行情况的监督。坚持在依法依纪基础上规范监督原则，突出重点原则，坚持问题导向、关口前移原则，对"不落实的事"和"不抓落实的人"严抓严管，确保政令畅通。

二、加强对领导班子和党员领导干部的监督

"必须加强对领导干部的监督，党内不允许有不受制约的权力，也不允许有不受监督的特殊党员"。②高校纪委要加强和严明对各级领导班子和领导干部"六大纪律"（即政治纪律、组织纪律、廉洁纪律、群众纪律、工作纪律、生活纪律）的监督；检验各级领导班子和领导干部"四个意识"牢不牢、"四个自信"强不强的问题；认真开展对党员干部贯彻执行党的基本理论、基本路线、基本方略的贯彻落实情况的监督检查；加强对高校党风党纪教育的监督，强化领导班子和领导干部的遵纪守法意识、组织观念和纪律观念等内容的监督，以确保这些对象在宪法、法律范围内活动，遵守大学章程办事。同时，领

① 李希. 在中国共产党第二十届中央纪律检查委员会第二次全体会议上的工作报告：深入学习贯彻党的二十大精神 在新征程上坚定不移推进全面从严治党［M］// 党的十八大以来中央纪委历次全会文件资料汇编. 北京：中国方正出版社，2023：553.

② 本书编写组. 监督执纪基础法规［M］. 北京：中国方正出版社，2021：72.

导班子成员和党员领导干部也要主动接受监督，习惯在监督下开展工作，不能拒绝和逃避监督。

尤其值得指出的是，要加强对"一把手"的监督。习近平总书记指出："我们查处的腐败分子中，方方面面的一把手比例不低。这说明，对一把手的监督仍然是一个薄弱环节。由于监督缺位、监督乏力，少数一把手习惯了凌驾于组织之上、凌驾于班子集体之上，'权力导致腐败，绝对权力导致绝对腐败'。如果权力没有约束，结果必然是这样。……要加强对一把手的监督……"①高校中的"一把手"是党委书记，其不仅担负着党领导一切工作的职责，要做好把方向、定政策、管大局的工作，还要贯彻落实党风廉政建设的相关责任制，如果这个"关键人物"出了问题，影响十分恶劣。反腐败斗争是一场没有硝烟的战争，它是一场关乎国家未来的重要战役，从近些年曝光的高校师德师风失范问题、违纪违法问题的案例中可以看出加强对高校"一把手"监督的重要意义。

三、加强对权力行使情况的监督

决策权和执行权作为高校最重要的两项行政权力，是纪委监察的重点对象。其中，决策权是学校最重要的权力，执行权是对学校的各项决策贯彻落实的关键权力。高校党委书记和校长为决策权的责任岗位，要以学校党委（常委）会的议事规则、以校长办公会的议事规则、以"三重一大"规则等为制度依据，对涉及人事、财务、基建修缮、重要资产处置以及对干部的选拔任用等各个方面管理作出相应的决策。对决策权的监督即高校纪委应加强对校院、机关各部门、附属单位领导班子及其成员在贯彻落实党风廉政建设责任制、民主集中制和"三重一大"决策制度情况的监督。

高校职能部门的主要负责人为执行权的责任岗位，以高校各个部门的职能履行为依据，由这些部门对干部人事、物资设备采购、财务、科研工作的管理等领域行使相应的执行权。对执行权的监督，即应加强对高校各级党组织、中层干部是否遵守党的政治纪律、政治规矩，是否遵守党的组织、廉洁、工作和

---

① 中共中央纪律检查委员会，中共中央文献研究室. 习近平关于党风廉政建设和反腐败斗争论述摘编 [M]. 北京：中央文献出版社，中国方正出版社，2015：122.

生活纪律的监督检查。受理党员的投诉或举报，使高校言路畅通，扩大监督渠道，保障党员权利的实现。针对高校实际，高校纪委还应对财务管理、基建工程、物资采购、招生等易发生腐败问题的重点领域进行监督。

四、加强对作风建设情况的监督

要按照中央、省市纪委的要求和有关加强作风建设的具体工作部署，加强高校的监督执纪检查，提高整改落实工作力度，对发现的苗头性和倾向性问题，及时督促整改，对发现的涉法问题及时处理，以此落实、巩固和深化"中央八项规定"成果，持之以恒纠正"四风"问题。

（一）对作风建设情况的监督

重点督查党的十八大以来，中央和省、市颁布和下发的一系列关于加强作风建设规定要求的落实情况，"四风"方面等存在的问题；对中央和省、市纪委关于加强作风建设的各项禁止性规定的监督等；督查是否存在对职责范围内的事项推卸敷衍塞责，不落实岗位责任或落实不到位；是否存在"不担当、不作为"问题、损害群众利益问题等。

（二）对工作绩效情况的监督

高校纪委应加强对校院和机关各部门及附属单位贯彻落实"中央八项规定"精神情况的监督，紧紧抓住春节、五一、十一、端午等重要时间节点，有针对性地开展督查。加强对各单位工作绩效考评制度及制度执行情况的监督，推动各单位整体绩效的提升。

第二节　创新高校纪委监督工作的方式方法

一、创新对决策权监督的方式方法

重点监督检查学校是否建立了以大学章程为基础和核心的制度体系。其

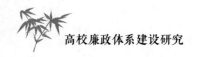

中，包括学校"三重一大"制度是否有实施细则，学校党委会的议事规则是否健全，是否有完善的校长办公会规则，是否建立和实现了末位发言制度，重大决策的法定流程是否健全，等等。制度建设方面若发现不完善或存在明显缺陷，要及时在第一时间向校党委书记、校长提出，及时清理、完善或修改，堵塞腐败风险的漏洞，未雨绸缪。

建议主要从以下几个方面着手。

（一）完善各职能部门的制度体系

纪检监察部门要做好制度建立和完善的督查工作，加强建设约束，防止建章立制敷衍应付、重复建设、形式主义，扫除盲点或滞后于实践的制度。督查制度的制定要适度超前，关口前移。注意规避制度建设的盲目性，增强制度的可操作性和系统性，既要有单项制度，也要有其他各种制度的协调，以形成良好的制度执行和落实环境，使得监督有法可依。

尝试探索和健全对苗头性、倾向性问题的预警机制和廉政激励措施。领导干部管理方面可考虑建立领导干部职务任期制和轮岗交流制度；财务管理监督方面，可以补充建立各级财务责任追究制度；针对学术腐败问题，可拟出台学校学术规范制度，明确反对学术腐败以及对学术违规行为的惩处性内容，加强对学术腐败的监督制约；完善和细化《高校招投标监督管理办法》，详细规范纪检监察等相关人员在招投标工作中的权力、监督职责、工作要点、参与方式及罚则，该参与的环节要盯紧到位，不该参与的地方要及时退出，既要严防监督走过场，切实把监督做到位，又要集中精力聚焦主业；建立工作监督联席会议制度，高校纪检监察部门应当与党委和各行政部门共同完善民主决策的议事规则和程序，并通过实施监督保证各单位工作有效贯彻落实。

（二）建立健全民主集中制，完善集体决策规程

按照"集体领导、民主集中、会议决策"的原则，进一步完善议事和重要决策制度，完善建立诸如重大项目安排、大额资金使用、重大决策和事件等集体决策制度及决策监督机制。为保证"三重一大"等制度的实施，可由高校纪检监察部门、教师代表大会、教授委员会等作为监督主体，组成高校的监督体系，参与到学校和二级职能单位对重大事项的决策和执行过程当中，对违反

"三重一大"制度规定的行为允许予以质询，允许决策者作出一定的解释，也可以提出合理建议。

（三）对干部选拔任用工作的监督

1. 严格按照要求对选人用人进行监督

纪委要监督用人部门是否认真贯彻落实《党政领导干部选拔任用条例》《党政领导干部任职回避暂行规定》《公开选拔党政领导干部工作暂行规定》等规定，以及《中共中央办公厅关于防止干部"带病提拔"的意见》《中共中央办公厅关于进一步激励广大干部新时代新担当新作为的意见》等文件要求，严格按制度选人用人，有规必依、执规必严。按规定之原则、资格、条件、标准、程序和纪律办事；关注是否存在违反规定程序选拔任用干部的问题，包括突击提拔调整干部、"带病提拔"、封官许愿、任人唯亲、搞拉票等现象。

2. 严格执行干部选拔任用工作有关事项报告制度

高校在选拔干部时，要强化任前把关环节，党委、组织人事部门和纪委都要强化审核措施，做到干部档案"凡提必审"，个人有关事项报告"凡提必核"，纪检监察机关意见"凡提必查"，前移审核关口①。

3. 严格把好干部选拔的廉政关

在培养选拔领导干部的时候，必须听取纪检监察部门的具体意见，严格考察所选用对象的党风廉政情况，对存在问题反映需要核查或者正在核查的，不得提交党委讨论或通过；对相关人选公示期间存在有关问题的反映，必须按有关规定进行认真调查核实。加大监督检查的力度，重点检查干部选拔任用的程序是否规范、风气是否清正、导向是否端正、结果是否公正。建立健全倒查机制，对干部选拔任用工作实行严格的责任追究。

4. 对校党委会、校长办公会议事议程的监督

进一步健全学校领导班子集体领导制度，加强党的领导和监督，促进决策的民主化、科学化，提高学校领导班子的议事效率和决策水平。

（1）健全和完善对党委会、校长办公会议事议程决策制度。内容涵盖：议事决策原则、议事决策范围、议事决策形式及有关事项、议事决策基本程序、

---

① 中共中央办公厅关于防止干部"带病提拔"的意见［M］. 2版. 中国共产党常用党内法规规范性文件汇编，北京：中国法制出版社，2021：509.

议事决策的纪律要求。比如：在议事决策的基本程序中，增加《决策的监查反馈和调整修正制度》，按其内容督查决策是否存在廉政风险点的问题、是否有违背国家政策或规定的问题、是否有需要及时调整和修正决策与客观实际不相符合等问题。

（2）进一步落实好主要领导干部末位发言制度。为避免主要领导干部在某些重要场合和领域中的语言导向和暗示作用，需要完善并落实好末位发言制度。

（3）进一步探索制定高校党委会对重大决策现场表决、现场计票和现场决定的实施办法。在权力运行的高风险节点上设防布控，挤压暗箱操作的所有可能涉及的空间。

二、对执行权的监督

高校纪委要认真落实"三转"要求，对学校执行层面的各项权力实行有重点的监督。在监督中力争摒弃以往形式主义的监管，改变过去重事后监督轻事前监督、重结果监督轻过程监督的方式，采取有效的预防监控手段，严堵腐败漏洞。由于高校纪委工作人员人数普遍不足、力量有限，需集中在学校重点岗位、重要领域和关键环节上对执行权力加以监督，诸如易出现腐败的干部人事管理、基建、物资采购、科研经费等的监督。

制定和完善针对行使执行权的相关制度，如《高校监督管理工作实施方案和细则》，明确监督的各项依据、原则、程序等内容，强化和规范对执行权力的监管。

（一）事前监督方式

建立和完善备案制度，如要求对负责基建工程、招生、招投标等工作的重要部门每年都要在年初的时候履行向校纪委申报工作的职责，申报的具体内容包括方案、制度、流程等。纪委要规范杜绝部分机构在审批权、签订权、批准权、决策权等环节的随意自由裁量行为，发现存在问题，督促完善；纪委对重大执行权事项要有重点地核查工作流程、工作方案是否合规合法，发现存在腐败风险，令其修改完善。

实行干部定期工作汇报制度，实行约谈、函询和诫勉谈话制度。中层干部每年年初对上一年廉政情况要向纪委提交工作报告。纪委书记对下级党委、中层领导干部、新提拔干部、一般党员干部进行警示谈话等，并形成制度化和常态化。可以通过建立典型案例剖析和通报制度等形式，采取定期或随时约谈、集中或个别约谈等方式，对发现的倾向性问题及时教育提醒，提出改正建议，对"不作为、不担当"问题也要作为谈话的重要内容，把问责做在前、做在先，防止小案养成大案，把住监督的第一道关口，运用好监督执纪的"第一种形态"，真正起到警示、教育、提醒作用，做到"防微杜渐、教育在先、预防为主"。

（二）事中监督方式

（1）参与式监督方式。高校纪委在落实"三转"工作的同时，也应有重点和针对性地参与重要执行权行使过程的监督。通常情况下，纪委的监督方式可以有两种：一种是日常监督，即职能部门在需要进行监督时主动提出要求，纪委派人参与；每年通过个别检查、抽查、巡查等具体监督方法，对其廉政工作的执行情况做到有针对性的监督。另一种是纪委主动参与的监督。根据事前审查中发现的问题进行监督核查，可要求涉及的部门或工作人员提供与监督事项有关的材料，并对涉及的问题作出一定解释和说明。比如对基建工程管理中的立项、变更、监理、结算等环节进行抽查，严格监督规避政府采购要求的现象等。

今后，要逐步减少日常式的监督，加大主动监督的工作范围，坚持在主动参与中守好关是进行事中监督的有效路径。另外，纪委工作人员还要在各种监督环节做好现场记录，有相关的监督预案和完整的记录存档，必要的时候，要及时对发现的重大问题向纪委书记汇报。

（2）联合式监督方式。为了使监督工作更有针对性和覆盖面，校纪委可以联合财务处、审计处等职能部门，对各职能部门账外资金情况进行定期审查；联合组织部了解和抽查党员领导干部对重大事项报告制度的执行情况；联合审计处审查学校和职能部门对财务管理和使用是否合规情况；也可以采用委派财务人员的方式对财务经费独立使用的附属单位进行监管。

（三）事后监督方式

（1）实行提醒监督法。发现问题，及时教育提醒，发现重大问题，及时向纪委书记报告。要对新任干部进行任职前的谈话，对同级和下级进行廉政提醒谈话，以此完善纪委对党员领导干部的廉政提醒谈话机制。

（2）实行专项检查法。根据上级要求，每年要对特定领域事项进行一次全面检查。如对"小金库"问题、"四风"问题、违反"中央八项规定"问题、"不担当、不作为"问题等的专项治理；要着力构建和完善事后监督专项考核制度。如对高校党员干部个人责任落实情况进行专项考核评价，可通过履责报告、约谈督导、廉政谈话、述廉评议等多种方式进行，对相关的专项检查结果进行备案，以备今后考察使用。

（3）实行巡视监督法。探索建立高校校内的巡视制度，及时发现腐败风险和漏点。纪检监察部门运用抽查式监督、督促式监督、强化式监督等不同手段和方法，每年定期或不定期对全校或选定的某几个单位或部门的工作情况进行巡视督查。

三、对作风情况的监督

（一）实行明察暗访法

高校纪委要精心组织，制定明察暗访监督工作实施方案，并纳入监督检查整体工作中，形成规范化。建立校纪委组织牵头，由党委委员、教职工代表、组织和人事等相关职能部门以及二级单位纪检委员等组成的明察暗访工作小组，对学校或部门的反腐倡廉工作落实情况、工作纪律执行情况、违反"中央八项规定"情况和"反四风"问题情况进行监督检查。

（二）实行关键节点提醒法

为防止出现利用重大节假日行贿受贿的问题，高校纪委要紧紧抓好关键节点做好监督工作，这也是高校反腐败工作不可忽视的重中之重。诸如抓住新年、春节、五一、十一等节假日时间点，以发通知、发微信、发短信、开会等各种形式，有重点地加强对广大党员领导干部的廉政提醒，做到早部署、早提醒、早预防，起到警钟长鸣的作用。

（三）实行跟踪式监督

纪委要加强对公务接待有关规定的执行落实情况，党员干部公款旅游、公款吃喝、持有私人会所会员卡、出入私人会所、出入高消费娱乐场所情况，违规擅自开展达标表彰活动情况，以各种名义滥发津贴等情况的监督。

第三节　创新高校纪委监督的保障体系

高校纪检监察工作在党的建设、党风廉政建设和反腐败工作中是牵一发而动全身的复杂系统工程，是一项长期而艰巨的任务，需要多方面的大力支持与全面保障。

一、校党委领导的重视是重要保障

党中央在当前严峻复杂的反腐败斗争中作出了党委负主体责任、纪委负监督责任的制度性安排，因此，高校党委在党风廉政建设中应该更好地发挥领导者、执行者与推动者的重要作用。加强党风廉政建设是党委的主业，抓好党风廉政建设工作是本职，不抓是失职，抓不好是渎职。

党委的主体责任为全面责任。高校党风廉政工作的开展需要党委的高度关注与重视，党委的职责具有全面性和客观性，党风廉政建设主体责任应该是一个环环相扣的责任体系。下一级党组织要向上一级党委负责，层层压实责任，抓好落实。

党委的主体责任为首要责任。对于高校各单位层面而言，党政主要负责人是关键，其在党风廉政建设中均为第一责任人，负起首要责任是关键。各级党政负责人在主体责任体系中居于关键、核心和重要的地位，这一核心地位便与高校所负责的廉政工作重心形成了完美的契合，其主体责任是唯一的、无人可以取代的。学校的党风廉政建设工作出现差错和问题，党委书记和校长要问

首责。

党委的主体责任为直接责任。学校党委在落实主体责任工作中，要亲力亲为地做好领导和推动工作，最大限度地实现主动抓、为主抓、经常抓。主动抓，即要主动地思索、探究、开展一系列的党风廉政与反腐败工作，以推动工作开展为最终目标；为主抓，即必须要明确责任的边界问题，清晰地知道具体责任涵盖的范围，不能以党委的集体责任掩盖领导个人的责任，不能混淆纪委的监督责任和党委的主体责任；经常抓，就是要坚持既"常"又"长"，突出党风廉政建设地位，常研究常检查，发现和纠正工作中的难点和问题，真正把反腐败工作长期地、有机有效地融入学校教学、科研和其他业务管理之中。

党委的主体责任为具体责任。毋庸置疑，各高校党委主体责任都是非常具体化的。习近平总书记在十八届中央纪委三次全会上发表讲话时强调要做好各级干部的选拔工作，避免出现人才选拔上的腐败现象；严厉杜绝一切有损于广大人民切身利益的行为，加大权力的监控力度，从根本上防治腐败；打造一批高素质、高水平的专业化廉洁从政队伍；高校党委必须要将各级责任主体的职责界限明确化、具象化，真正实现高校各项工作的可查、可看、可评目标。

党委书记为首要责任人。党委书记对于高校党风廉政建设工作的开展起着至关重要的作用，负责领导、组织和部署全校党风廉政建设工作。党委书记需要定期听取党风廉政建设的工作汇报，对学校的重要工作、重大问题、重要案件等各项核心与关键工作要亲自过问、亲自协调和亲自督办。党委书记要支持高校纪委监督模式的创新与完善，并为其提供必要的指导与帮助，把有效的监督工作方式方法运用于高校的制度层面，并积极倡导在全校加以推广和运用。

二、教职员工的全面支持是基础保障

高校纪检工作是党建工作必不可少的重要组成部分，它的性质和地位决定和要求高校纪检监察工作必须坚持和坚决贯彻党的群众路线。高校纪委在开展监督工作过程中，必须依靠和紧密团结广大教职员工，这条重要原则是高校纪委在创新监督工作方式方法中必须遵循的。

党的群众路线要求"一切为了群众、一切依靠群众，从群众中来到群众中去"，监督工作方式方法创新的出发点和落脚点，就是要从关心和维护广大教职员工的实际利益出发，真正得到全体教职员工的理解、认可和支持。学校建设和发展方面存在突出问题时，基层群众看得最清楚、感受最深，最有发言权，因此纪委监督工作既要坚持问题导向，抓住热点、破解难点，又要统筹兼顾、协调统一、整体推进。坚持从教职员工反映最强烈的问题抓起，从教职员工最不满意的地方改起，从教职员工最盼望的事情做起，才能更好、更全面地实现好、维护好和发展好广大人民的根本利益，才能以重点带全面、积小胜为大胜，以创新高校监督工作的良好成效来顺应广大教职员工的期待、回应他们的关切。要将所反映的最为强烈和最为突出的问题作为纪委监督工作的重点，做好"取信于民"的工作。

纪检监察部门要依靠群众的监督促进工作方式方法的创新。要积极采用提醒式和参与式、专项式和重点式、督查式和联合式等全新的监督工作方式方法，过程中既需要全校各级党政领导干部的全面理解和支持，还需要广大教职员工给予的积极和大力配合。重视发挥基层全体员工的监督力量。可以尝试建立教职工监督委员会，使其同党内监督、行政监督等不同监督主体共同构成高校管理权力运行的监督合力，加大在校内落实民主监督权，强化公众监督，保障广大师生评议权、质询权、问责权的实现。

建立纪委监察举报网站、师生员工举报网站、师生建言平台，定期或不定期地举行师生"问政"活动等。通过各种监督方式，监督各级党政领导干部带头遵守党纪国法的情况，以及遵守廉洁从业规定；监督学校各个部门各种权力行使的情况；监督学校是否严格执行民主集中制、制度的执行和按规定流程办事等各方面情况，为保证学校健康、有序和可持续发展提供保障。

此外，还要从加强全体教职员工尤其是各级党员领导干部的廉政教育方面着手，使其以责无旁贷的主人翁精神，自觉维护纪检监察工作的严肃性和重要性，牢固树立不抓党风廉政建设就是严重失职的意识，强化责任担当，强化自律意识，努力营造群众自觉监督的舆论环境，营造崇廉尚洁的良好氛围，共同支持配合做好全校反腐倡廉工作。

三、纪检干部的能力素质是关键保障

在新时代全面从严治党和正风反腐的实践中，迫切需要一支忠诚可靠、业务

能力强、工作作风正、政治素质高的纪检监察干部队伍冲锋在前、挺纪在前、勇担重任。纪检队伍能力素质的高低对纪委监督工作的成效起着决定性作用。

（一）强化理论学习和业务培训

学习是提升纪检干部素质、提高实践能力最基本的方法和途径。要把学习当作一种政治责任、一种精神追求、一种工作需要来对待。纪检监察工作理论是一套严密、完整的体系，具有一定的理论性和政策性，因此，在重点学好马克思主义基本理论、学透中国特色社会主义理论体系的同时，还要加强对纪检干部监督工作的业务培训，有系统性地培训多面手，有方向性地训练相关专业技能。学习培训要力求创新，在组织形式、考核方式、培训方法等方面进行突破，可由定期培训向经常培训转变，实行"以研代训""以案代训"，或者运用"研讨教学法""案例教学法"等方式，以取得事半功倍的良好效果。努力做到理论政策学深、业务知识学精、外地经验学活、基层情况学透、基本技能学熟，真正把更新观念、解决问题、推动工作统一起来，做到"在学习中创新，在创新中学习"。

（二）加强问题思考和课题研究

纪检监察干部要把加强调查研究的创新精神贯穿于纪检监察工作始终，善于总结和树立问题意识，全面准确了解新情况、新问题，具有寻求原有监督工作中的问题和产生的原因分析的能力。要勤于思考，善于做好工作调研和课题研究，准确把握新时代高校反腐倡廉建设的基本特点与发展规律，以正确的方向、科学的方法将调查研究的创新精神运用于纪检监察工作中，以学习带研究，以研究促学习，实现学习与研究良性互动，不断探索和使用一套新的管用的监督工作方式方法。纪检监察干部的学习、思考、实践、感悟应该是一个"学而思，思而践，践而悟"的过程，要带着责任深入、带着任务深入、带着问题深入，特别是对一些长期困扰纪检监察工作的重点、难点问题，一定要把握第一手材料。只有这样，才能使工作研究更有针对性，也才能出成效。

（三）强化能力素质和作风建设

每一名高校纪检监察干部都要明确《中国共产党章程》所赋予的纪检监察

机关的职能定位，以及监督为"第一职责"的首要定位。要有较高的道德品质和政治素养，要有敢于担当和硬碰硬的勇气，要有对政治生态分析研判的能力水平，要有增强自身的纪律性，自我净化、自我完善、自我革新、自我提高的意识。要理解"三转"的内涵，聚焦中心、突出主业，在履行监督责任时，以严谨的作风秉公处理，遵章办事。牢固树立"四个意识"，严于律己，真正做到打铁自身硬。

第五章 运用好"第一种形态"推动高校廉政体系建设

监督执纪"四种形态"是适应新时代全面从严治党要求，由时任中央纪委书记王岐山于2015年首先提出来的。在2016年10月27日召开的十八届中央纪委六次全会上通过的《中国共产党党内监督条例》第七条明确了"四种形态"的内涵，进一步阐明监督执纪问责必须坚持的惩前毖后、治病救人方针，充分体现对干部的严管厚爱。2017年10月，党的十九大把运用监督执纪"四种形态"写入党章。

正确运用把握好监督执纪"四种形态"，以严明的纪律推进全面从严治党，是党中央向全党发出的严厉制度性反腐信号，是纪律建设的重大创新。其中，监督执纪的"第一种形态"即"咬耳扯袖、红脸出汗"，是挺纪在前的重中之重，要在用好"第一种形态"上下更大的功夫，因为第一种形态充分体现了"惩"不是目的、"治"才是根本的执纪目标，为纪委监督执纪工作提供了制度遵循，对纪检监察干部提出了新的更高要求。

高校纪委应结合自身特点和高校发展的特殊性，积极探索"第一种形态"在高校如何更好地贯彻落实，研究如何在坚持被实践证明行之有效的好方法的基础上，开拓创新，寻求新思路、新办法，切实让"咬耳扯袖、红脸出汗"成为常态，以实现纪委监督责任的具体化，对党员干部把好脉、问好诊，抓早抓小、防微杜渐，为学校健康发展提供坚强的政治保障。

第一节 "第一种形态"的内涵及重要性

首先来看一组比较数据。2021年1月22日，赵乐际在中国共产党第十九届纪律检查委员会第五次全体会议上的工作报告中提到了一组数据:"2020年全国纪检监察机关运用'四种形态'批评教育帮助和处理195.4万人次。其中运用第一种形态谈话函询、提醒批评133万人次,占总人次的68.1%。"①2022年1月18日,赵乐际在中央纪委第六次全体会议上的工作报告中提出,"2021年运用'四种形态'批评教育帮助处理212.5万人次,其中运用第一种形态谈话函询、提醒批评148.7万人次,占总人次的70%"②。

从上述数据可以看出,监督执纪"四种形态"的应用所产生的效果,尤其是"第一种形态"的作用更为明显和突出,在"四种形态"中发挥了主要作用。要想在高校营造风清气正的政治氛围,高校的纪检监察机关要深入领会并认真践行"四种形态",坚持把纪律和规矩挺在前面,做深做实做细监督执纪问责工作,提升运用"四种形态"的思想政治水平和运用政策策略的能力,以运用"四种形态"的新成效来推动新时代高校管党治党走向严紧硬,推动高校廉政体系的健康发展。

一、"四种形态"的内涵及相互关系

(一)"四种形态"的内涵

纪检监察监督执纪的"四种形态"是指:第一种:经常开展批评和自我批评、约谈函询,让"红红脸、出出汗"成为常态;第二种:党纪轻处分、组织调整要成为违纪处理的大多数;第三种:党纪重处分、重大职务调整成为少数;第四种:严重违纪涉嫌违法立案审查成为极少数。

这四种监督执纪形态是逐级使用的。其中,"第一种形态"重点强调的是"防病"理念,解决的是党员干部破纪之初的思想意识问题,要求纪检监察部门通过函询、诫勉谈话等主要形式警醒党员领导干部注意自身言行,不要逾越

---

① 赵乐际. 推动新时代纪检监察工作高质量发展 以优异成绩庆祝中国共产党成立100周年:在第十九届中央纪委第五次全体会议上的工作报告 [M]// 党的十八大以来中央纪委历次全会文件资料汇编. 北京:中国方正出版社,2023:421.

② 赵乐际. 运用党的百年奋斗历史经验 推动纪检监察工作高质量发展 迎接党的二十大胜利召开:在第十九届中央纪委第六次全体会议上的工作报告 [M]// 党的十八大以来中央纪委历次全会文件资料汇编. 北京:中国方正出版社,2023:467.

纪律防线，达到使党员干部未触线先警醒的效果；"第二种形态"强调的是"正歪树"，属于轻处分，是通过党纪政纪处分和组织处理的形式对那些自律不严、常态化监督不力而触碰底线的犯错行为进行提醒，此时的错误仍属于轻微违反党的纪律的，主要是通过监督执纪手段动辄则咎，及时纠偏和处理，防止小错酿成大错，切断由"好同志"跌向"阶下囚"的通道，起到惩戒和警示的作用；"第三种形态"强调的是"治病树"理念，属于重处分，针对的是有严重违纪行为还不足以沦为"阶下囚"的人，依纪依规所作出的重大职务调整，从而达到治病救人的目的，这是组织对干部的"最后挽救"手段；"第四种形态"上升为司法处分层次，强调的是"拔烂树"理念，针对的是"极少数"、可能沦为"阶下囚"的对象，要求通过立案审查的形式对严重违纪涉嫌违法的行为进行处置，决不姑息，而且要出重拳、下猛药、治重病，在给予纪律处分之外，还要追究法律责任。

（二）"四种形态"的相互关系

纪检监察干部运用"四种形态"开展工作，首先要明确四者之间不是分割使用的，因为四者之间蕴含着三层辩证关系。

第一是量变和质变的辩证关系。通常，"破法"都是从"破纪"开始的，在没有或缺失纪律约束时，将进一步发展成质的变化，并最终滑向违法犯罪的深渊，因此，纪检监察部门在监督执纪过程中，在运用"四种形态"时，要注意行为的转化应该是由量的积累而产生的质的变化，尤其是在作警示教育分析时，要注意积累相关的素材资料，提醒广大师生注意日常的廉洁、注意家风家教、校风校纪建设。

第二是整体和部分的辩证关系。既要学会对全党这片"森林"整体进行认识和评价，又要对个体"树木"进行深入了解和准确分析，"把握好'树木'与'森林'的关系，治'病树'、拔'烂树'、保护'森林'"①。

第三是当前和长远的辩证关系。既要紧扣当前监督执纪的主要任务，又要着眼长远，落实管党治党主体责任，开展经常性的批评与自我批评，让"红脸

---

① 王岐山. 全面从严治党 把纪律挺在前面 忠诚履行党章赋予的神圣职责：在十八届中央纪委第六次全体会议上的工作报告［M］// 党的十八大以来中央纪委历次全会文件资料汇编. 北京：中国方正出版社，2023：146.

出汗"成为常态。"四种形态"实际上构筑了"防治病""正歪树""治病树""拔烂树"四道防线，层层递进、环环相扣、相辅相成，体现了预防与惩治、治标与治本的辩证统一关系。

不难理解"四种形态"的主旨在于改变要么是"好同志"、要么是"阶下囚"的状况，"四种形态"中的"第一种形态"使监督关口前移、挺纪在前，具有一定的基础性、关键性和防止违法违纪行为发生的重要性。以开展提醒警示、批评教育、诚勉谈话、函询等方式，及早发现、及时提醒、及时处理，切断从违纪到违法的通道，对广大党员领导干部既有严肃无情的刚性一面，也有关心爱护的温情一面，这才是严肃纪律的出发点和最终归宿。而"第一种形态"用好了、做好了，后几种形态所对应的"歪树""病树""烂树"必然会成为少数和极少数。

二、"第一种形态"的内涵及形式

中国共产党一向重视干部教育工作，也创造了很多保护、爱护干部的工作方法。毛泽东在1938年召开的中共六届六中全会上发表的《论新阶段》中，曾对中国共产党的干部政策做了阐述，其中提到必须善于爱护干部的几种办法，包括："第一，指导他们。这就是让他们放手工作，使他们敢于负责；同时，又适时地给以指示，使他们能在党的政治路线下发挥其创造性。第二，提高他们。就是给以学习的机会，教育他们，使他们在理论上在工作能力上提高一步。第三，检查他们的工作。帮助他们总结经验，发扬成绩，纠正错误。有委托而无检查，及至犯了严重的错误，方才加以注意，不是爱护干部的办法。第四，对于犯错误的干部，一般地应采取说服的方法，帮助他们改正错误。只有对犯了严重错误而又不接受指导的人们，才应当采取斗争的方法。在这里，耐心是必要的；轻易地给人们戴上'机会主义'的大帽子，轻易地就采用'开展斗争'的方法，是不对的。第五，照顾他们的困难。干部有疾病、生活、家庭等困难问题者，必须在可能限度内用心给以照顾。"①从这段论述可以发现，毛泽东同志早就将对待党内同志犯错误的问题放在了很正式、很重要的角度来

---

① 毛泽东. 中国共产党在民族战争中的地位 [M] // 毛泽东选集：第2卷. 北京，人民出版社，1991：527–528.

考虑，还创造了"秋风扫落叶""和风细雨"等生动灵活的工作方式。就新时代的纪检监察工作来说，要把党内长期形成的管用的工作方法传承好，并且不断结合新形势、新问题进行创新发展，应用"第一种形态"开展工作能很好地达到这一要求。

"第一种形态"是指要把监督执纪的功夫下在平时，通过"咬耳扯袖、红脸出汗"防止小问题演变成大问题，达到"防病于未萌、治病于初起"的目的。具体来说，既要求广大党员干部做到"一日三省其身"，勇于自我批评、自我反省、自我监督，养成自觉接受监督的习惯，慎独、慎初、慎微、慎权、慎友，努力不犯错或少犯错；又要求强化组织责任，加大组织监督力度，严抓严管、真抓真管，从小事小节小错抓起、严起。

"第一种形态"涉及的具体形式主要有函询、提醒谈话、警示谈话、批评教育、限期整改、责令检查、通报批评、诫勉等10多种。这些形式都是"纪严于法，纪在法前"的具体实现形式，是开展监督执纪工作的先行环节，也是中央纪委处置案件线索的方式。中央纪委在2015年5月曾对反映干部问题线索的分类处置标准进行了调整，将原来的"留存"环节调整为谈话函询，调整后分为五类：拟立案、初核、谈话函询、暂存和了结，即要求对反映的问题具有一般性的线索应及时通过谈话函询方式进行处置，这一要求凸显出"谈话函询"这一"第一种形态"工作方式的重要作用。要求做到对党员的全覆盖，对违纪行为的"零容忍"，通过对大多数人的警示教育提醒，充分体现对党员干部的关心和爱护。

三、"第一种形态"对高校纪委开展工作的重要性

高校是世人心目中神圣的知识殿堂，但高校也是社会的重要组成部分，校风、教风、学风、师德不可避免地会受到各种社会风气的影响和侵蚀。当前，高校面临着党风廉政建设的新形势，既要看到"压倒性态势正在形成"的良好局面，也不能忽略"形势依然严峻复杂"的客观现实，因为腐败与反腐败斗争一直是长期的博弈过程。高校纪委作为管党治党的重要力量，目前的责任不是轻了而是更重了，执纪的力度不是小了而是更大了，因此必须不断提高政治站位水平和把握政策的能力，正确运用好"第一种形态"，使"咬耳扯袖、红脸

出汗"常态化。在党员干部从违纪滑向违法的过程中层层设防,增加防范风险发生的机制,实现惩处极少数、教育大多数的政治效果和社会效果。这将成为高校纪检监察部门今后工作转型的一个方向,对学校有序发展将起到十分重要的作用。

(一)运用好"第一种形态"可以遏制腐败增量

开展反腐败斗争,一方面要减少存量,另一方面要遏制增量。减少存量可以通过"四种形态"的运用逐步解决,遏制增量主要依靠发挥"第一种形态"的作用。高校纪检监察部门要经常关注广大党员干部在教学科研、学风教风、生活作风等方面反映出的问题,充分灵活运用"第一种形态",通过开展批评与自我批评、开展有针对性的诫勉谈话或者函询及常态化管理教育等方式,经常地咬耳扯袖、提醒告诫,使其守好纪律和规矩的第一道防线,远离纪律和规矩"底线",防止一时迷失,如运用任前廉政谈话、提醒谈话,教育党员干部心存敬畏,严守纪律红线等,做到防患于未然、抓长和常抓,从而逐渐减少腐败发生的可能、减少案件的增量。

(二)运用好"第一种形态"可以促进党内关系回归正常化

"四种形态"作为党内的纪律管理形态,是建立在党内关系正常化基础上的,同时会促进维护党内关系正常化。经常运用"第一种形态"开展工作,实际上是为发生违法违纪行为增加了多个"减速带",通过抓早抓小,严格管控违法风险,体现纪严于法,更好地团结、教育、帮助同志,体现"惩前毖后、治病救人"的"厚爱",践行挺纪在前的理念,促进党内关系逐渐回归正常化。

(三)运用好"第一种形态"可以为"惩前毖后、治病救人"探索新路径

在高校纪检监察工作实践中,"第一种形态"可以通过多种方式有效发挥作用,达到"惩前毖后、治病救人"的目的。如为了使高校中的违法违纪行为减少发生,需要探索抓早抓小的方法,这就需要进一步加强问题线索的管理,使纪委的信息收集渠道更多;让谈话函询、警示诫勉等成为监督的新常态,可以更积极地发挥好纪律审查的治本功能;还可以不断探索层层传导压力的方

法，释放出越往后执纪越严的信号，强化教育警示的作用；可以探索多渠道强化党员干部日常教育管理监督的途径，不断强化"两个责任"；可以创新诫勉谈话、函询及谈话函询交叉实施的新做法等。这些新路径的探索，目的是达到"惩前毖后、治病救人"的目的。

（四）运用好"第一种形态"可以促进高校纪检监察工作的制度创新

"第一种形态"继承和丰富了党建理论和实践，是党内监督的创新理论成果；同时，是高校纪委监察工作制度创新的重要内容，是使党员干部实现从"不敢腐"向"不能腐""不想腐"的深化拓展，是形成良好政治生态的关键和首要环节。"第一种形态"的运用可以为其他三种形态的运用奠定基础，不断完善纪委的工作制度体系，"关键在全，要害在严，重点在防"，可以为挺纪在前、无病常防的工作提供制度保障。

（五）运用好"第一种形态"可以使全面从严治党的基础更夯实

"第一种形态"充分体现了依规治党、关口前移的新要求，体现了惩防并举、标本兼治的战略思想，更彰显了全面从严治党的鲜明态度。高校要把运用"第一种形态"的要求贯穿于日常监督、派驻监督、巡察监督等各项监督工作之中，前移监督关口，有针对性地运用提醒谈话、批评教育、函询、诫勉谈话等方式开展教育提醒，对党员干部存在思想、工作、作风等方面苗头性、倾向性问题早提醒、早介入、早纠正，使"咬耳扯袖、红脸出汗"成为常态，使基层党组织得到净化，党建工作方法得到创新。长期如此坚持下去，才能为党加强自身建设、永葆肌体健康、为全面从严治党打下坚实的基础。

第二节　"第一种形态"在高校纪检监察工作中的应用

在高校纪检监察的具体工作中，"第一种形态"形式比较多，而运用最多的、重要的监督手段是谈话函询，这既是监督执纪的第一道关口，也是十分重要的关口。

一、"第一种形态"的适用情形

首先是来自中央纪委国家监委网站的一组数据："2022年，全国纪检监察机关共接收信访举报344.4万件次，其中检举控告类信访举报104.4万件次。处置问题线索154万件，谈话函询32.5万件次，立案59.6万件，处分59.2万人（其中党纪处分48.9万人、政务处分14.9万人）。……2022年，全国纪检监察机关运用'四种形态'批评教育帮助和处理共183.8万人次。其中，运用第一种形态批评教育帮助123.2万人次，占总人次的67%；运用第二种形态处理47.8万人次，占26%；运用第三种形态处理6.4万人次，占3.5%；运用第四种形态处理6.4万人次，占3.5%。"①从数据可以看出，"第一种形态"在纪检监察部门开展工作过程中的重要应用效果。

下面是"第一种形态"的适用情形：

（1）有苗头性、倾向性问题，经初步核实或谈话函询，虽然无违纪事实，但是需要提醒、批评的；

（2）虽然未发现违纪事实，或者反映的问题难以查证，但是尚不能完全排除存在问题的可能性；

（3）存在一定问题，虽然不涉及违纪，但造成一定不良影响或后果，需要提醒、批评的；

（4）有违纪事实，但情节轻微、不需要追究纪律责任的，或者由第二种形态转化和免予纪律处分组织处理的；

（5）有问责情形，情节轻微，不需要党纪处分、组织处理的；

（6）综合考核考评结果较差，以及巡视巡察、考核考查反馈问题整改不力，需要提醒、批评的；

（7）其他需要提醒、批评的问题。

运用"第一种形态"处理案件线索的方式是谈话函询了结和"面对面"初步核实了结两种。其他的组织措施还包括提醒谈话、警示谈话、批评教育、纠

---

① 中央纪委国家监委通报2022年全国纪检监察机关监督检查审查调查情况［EB/OL］. 中央纪委国家监委网站，（2023-01-13）［2023-08-15］. https://www.ccdi.gov.cn/toutun/202301/t20230113_241621. html.

正或责令停止违纪行为、责成退还违纪所得、限期整改、责成作出口头或书面检查、召开民主生活会批评帮助、责令公开道歉（检讨）、通报（通报批评）、诫勉（诫勉谈话）、其他批评教育类措施。

把谈话函询作为加强高校各机关部门、基层学院党员干部日常监督的重要抓手和工作切入点是十分重要的，所谓"勿以善小而不为"，是谈话函询的原初意义。因此，纪检监察干部要会用善用、用活用好谈话函询这一政治性、政策性、业务性很强的纪律戒尺，将谈话函询做实做到位，这不止是"尺寸之功"，更是筑牢学生廉学、教师廉教、干部廉政等作风建设思想防线的基础性工程，也是目前摆在高校纪委面前的现实任务。

二、谈话在高校纪检监察工作中的运用

谈话工作既是纪检监察机关履行党和国家监督职责的重要内容和方法之一，也是审查调查工作中进行思想政治教育、依规依纪收集证据的法定方式和关键环节。在党规党纪中，谈话的概念较多，如谈心谈话、提醒谈话、谈话提醒、约谈函询、谈话函询、诫勉谈话、调查谈话、审查谈话等，每个概念都意味着特定的内涵、外延，表征着特定的程序和后果，需要掌握其内涵及适用条件，以达到准确运用的目的。

从广义上来说，"第一种形态"的谈话可以分为监督谈话、审查调查谈话、案件审理谈话等[1]，本章主要是指审查调查谈话。需要注意的是，在使用"第二种形态""第三种形态"时也有谈话，但多属于"走读式"谈话，与"第一种形态"中线索处置方式的谈话具有不同的意义。谈话是高校纪检监察部门针对各级党组织、领导干部在党风廉政建设方面存在的问题和群众反映的问题，采取正式谈话的方式予以了解核实、警示提醒并督促改进或纠正的一种监督措施。

（一）谈话的适用范围

谈话作为纪检监察机关履行党和国家监督职责的重要工作方法和法定措施之一，使用时的主要依据是《中国共产党章程》《中国共产党党内监督条例》

---

① 侯广聪，李亚群. 如何做好谈话［M］. 北京：中国方正出版社，2021：3.

《中国共产党纪律检查机关监督执纪工作规则》《中华人民共和国监察法》《监察机关监督执法工作规定》《纪检监察机关监督检查审查调查措施使用规定》等相关法规条例。

高校党员领导干部有下列情况之一的，可以对其进行谈话：

（1）不严格遵守党和国家的政治纪律、组织纪律，不认真贯彻执行党的路线方针政策和上级党组织决议、决定以及工作部署的；

（2）不严格遵循"三重一大"制度，不认真执行民主集中制、作风专断的；

（3）不严格按照职责分工和"一岗双责"要求认真履行工作职责的；

（4）有违反"中央八项规定"精神，存在形式主义、官僚主义、享乐主义、奢靡之风等问题的；

（5）不严格执行高校干部选拔任用工作规定的；

（6）不严格执行廉洁自律规定，造成不良影响的，需要进行教育帮助并引以为戒的；

（7）不严格遵守师德师风要求，不认真履行工作职责，给工作造成一定损失，需要与被举报人核实并督促纠正的；

（8）其他需要实施谈话情形的。

对属于反映权钱交易问题的，反映的问题较为严重的，信访问题较多、反映问题较为集中的不列在谈话范围之内。

（二）谈话的基本程序

谈话的程序分为提起、审批、通知、谈话、存档等五个环节。

（1）提起。学校纪检监察部门要针对反映党员领导干部的问题线索进行梳理、分析和研判，确定需要对党员领导干部进行诫勉谈话的，提出诫勉谈话的实施意见，填写《党员干部谈话审批表》（见表5-1），报校纪委书记审批。

（2）审批。学校纪委书记要对谈话意见给予审批，必要时，可提交学校纪律检查委员会集体审议，要注意的是，必须经纪委书记批准签字后，谈话工作方可进行。

（3）通知。谈话申请经批准后，做好谈话所有准备工作。同时通知被谈话人所在部门的党组织，并向谈话对象发出谈话通知。

表5-1　党员干部谈话审批表

谈话对象情况	姓名		性别		年龄	
	单位				职务	
反映主要问题						
纪委意见					签名： 年　　月　　日	
纪委书记审批意见					签名： 年　　月　　日	
备注						

（4）谈话。谈话前制定谈话方案，拟定谈话提纲，做好材料准备，针对不同对象确定适合的谈话方式；谈话中向谈话对象说明谈话原因，明确指出反映或存在的问题；对需要进一步写出书面说明的，须在15个工作日内完成并报送学校纪委。做好《党员干部谈话笔录》（见表5-2），谈话对象需要在谈话记录上逐页签字确认。谈话后对发现重要违纪线索的，须马上进行核实，并及时调整线索处置方式，转入第二、第三或第四种形态；对没有发现问题的，直接了结；对造成一定影响的，所在部门或基层党委需在一定范围内消除影响。

表5-2 党员干部谈话笔录

时间：	地点：	
谈话人：	职务：	记录人：
谈话对象：	性别：	年龄：
政治面貌：	文化程度：	民族：
单位及职务：	电话：	

谈话内容：

被谈话人（签字）_____

共___页 第___页

（5）存档。谈话结束，谈话人员须填写《党员干部谈话办结呈批表》（见表5-3），呈报校纪委书记审定。纪委书记签批后5日内，将《党员干部谈话办结呈报表》和被谈话人的书面说明材料等一并归档备案。相关材料要存入领导干部个人廉政档案，作为考察任用干部时的参考。

表5-3　党员干部谈话办结呈报表

谈话对象情况	姓名		性别		年龄	
	单位				职务	
谈话事实、依据、结论						
纪委综合意见					签名： 年　月　日	
纪委书记签批意见					签名： 年　月　日	
备注						

谈话不是一般的交谈、对话、谈心，既要保证严肃的政治性，又要保证严肃的法律效力，因此对谈话的场所、手续、出具的文书、笔录、自书材料、时长等均要遵循严格的规定。要做到谈前有谋划、谈中有发掘、谈后有思考。

审查调查谈话是一项需要贯穿思想政治教育的工作，对谈话人来说有较高的政治性要求。谈话人要通过不断学习党建创新理论，持续增强"四个意识"、坚定"四个自信"、做到"两个维护"，提高政治站位；要深入领会审查调查工作具有政治效果、纪法效果和社会效果的统一性，要始终严守政治纪律和政治规矩，提高政治鉴别力，增强谈话本领；要善于从政治视角、从思想根源看问题，帮助被谈话人从理想信念和党性修养等方面进行忏悔反思；还可以根据实际需要安排专人对被谈话人进行以案促改的深入专题谈话或效果跟踪调查，不断丰富完善以案促改报告，切实做实"监督保障执行、促进完善发展"的工作。

（三）谈话需要注意的问题

（1）谈话一般由不得少于两位的纪委监察干部组织进行，同时指定专人做好谈话记录，必要时要做好录音录像等记录。在谈话对象为女同志的时候，要保证至少有一名女纪检干部参加。

（2）严格遵守规定的谈话程序，坚决杜绝谈话工作的随意性。

（3）谈话前，纪委要对已掌握的谈话对象存在的苗头性问题事实认真甄别，查准政策依据，必要时可组织调查核实，确保掌握的问题事实准确、全面、真实，防止事实不清造成谈话被动。

（4）注意谈话技巧的运用。既要注意讲明政策和纪律要求，又要注意讲究谈话的艺术；既要讲清利害关系，又要注意情理相融。要有现场应变能力，针对不同的人、不同性质的问题，用不同的谈话风格。谈话主题既不能不严肃，又不能只谈空话、套话，要入心、入脑，让被谈话人感觉到组织是在帮助他，从而取得"红脸出汗"的警示教育效果，达到谈话提醒的目的。

（5）注意谈话后续的跟踪问效。观察被谈话人改进行为的具体效果，必要时可以对其进行考核或民主测评。对经多次谈话仍无悔改之意或者继续错误行为的，可作出适当的组织处理，以免养痈遗患。

（6）如果谈话结果中出现了涉及重大问题或重要情况的，应该及时向学校

党委报告。如果出现需要采用其他措施的比较严重的违纪违法情况的，那么可能需要转为讯问或其他措施。

（7）坚持保密原则，不得暴露当事人身份，不得对外泄露谈话信息及内容。

二、函询在高校纪检监察工作中的运用

函询是高校纪检监察部门针对群众反映或者执纪监督中发现党员领导干部有关违纪线索、倾向性或苗头性问题，以发函的形式进行询问，并必须由本人作出书面答复或说明的一种监督措施。

（一）函询的适用范围

高校党员领导干部有下列情况之一的，可以对其进行函询。

（1）有信访举报，但反映的问题线索笼统，学校纪检监察部门认为须由本人进一步说明、解释清楚的；

（2）在高校纪检监察部门开展的专项检查中发现问题，须由本人说明的；

（3）有反映党员领导干部个人有关事项应报未报或报告不实的；

（4）上级组织转来的要求高校纪委配合落实有关问题的；

（5）其他方面存在问题需要进行函询的。

但是属于反映权钱交易问题的，反映问题具体、可查性强的，信访举报多、反映问题多的，涉嫌严重违法违纪的不在函询范围之列。

（二）函询的基本程序

虽然函询是一种简单的手段，但是仍有严格的程序，分为提起、审批、发函、回复、处置、归档六个基本环节。

（1）提起。学校纪检监察部门具体负责函询工作，梳理分析研判反映党员领导干部的问题线索，需要对领导干部实行函询的，提出实施函询的具体意见，填写《党员干部函询审批表》（见表5-4），报告校纪委书记审批。

表5-4 党员干部函询审批表

函询对象情况	姓名		性别		年龄	
	单位				职务	
反映主要问题						
纪委意见					签名: 年 月 日	
纪委书记审批意见					签名: 年 月 日	
备注						

（2）审批。学校纪委书记要对函询意见给予审批，必要时可提交学校纪律检查委员会集体审议，在经校纪委书记批准后，函询工作方可进行。

（3）发函。函询采取通知书的形式，《党员干部函询通知书》（见表5-5）连同反映问题摘要及书面说明要求等附件需派专人直接送达领导干部本人，并当面签写送达回执。接收函询的主体为基层单位或党组织的，应当由其主要负责人签收。

表5-5　党员干部函询通知书

同志： 　　根据《关于对党员领导干部进行诫勉谈话和函询的暂行办法》，现就有关情况向你提出函询，请于　　年　　月　　日前如实向校纪委、监察处做出书面说明和答复。 　　具体函询的问题如下：   　　　　　　　　　　　　　　　　　　　　　校纪委、监察处（公章） 　　　　　　　　　　　　　　　　　　　　　　　年　　月　　日

（4）回复。被函询的党员干部收到通知书后，须填写《党员干部函询通知送达回执表》（见表5-6），在15个工作日内对有关情况进行实事求是地回复。如有特殊情况不能如期回复的，应当在规定期限内说明理由。说明材料要由所在党组织书记签字背书。被函询人为党委（党组）主要负责人的，或者被函询人所做说明涉及党委（党组）主要负责人的应当直接发函回复纪检监察机关。

表5-6 党员干部函询通知书送达回执

<table>
<tr><td>

　　本人已于　　　年　　　月　　　日收到学校纪委、监察处就相关问题发出的函询通知书,并将按要求于　　　年　　　月　　日前函复。

被函询人(签字):
年　　月　　日

</td></tr>
</table>

　　(5)处置。学校纪检监察部门要对被函询人的回复材料及时审核、综合分析,提出相关处理意见,在一个月内写出情况报告和处置意见,按程序报批。通常会根据不同情形作出相应处理。对反映不实,或者没有证据证明存在问题的,予以采信了解,并向被函询人发函反馈;对问题轻微,不需要追究纪律责任的,采取谈话提醒、批评教育、责令检查、诫勉谈话等方式处理;对反映的问题比较具体,但被反映人予以否认且否认理由不充分具体的,或者说明存在明显问题的,一般应当再次谈话或者函询,发现被反映人涉嫌违纪或者职务违法、职务犯罪的需要追究纪律和法律责任的,应当提出初步核实的建议,及时调整线索处置方式,转入第二、第三或第四种形态处理;对诬告陷害者依规依纪依法予以查处,必要时要对被反映人谈话函询的说明情况进行抽查核实;对与掌握的情况出入较大,或对问题尚未说明清楚的,责成被函询人补充说明;对没有发现问题的,可以直接了结;对造成一定影响的需要所在部门或基层党委在一定范围内消除影响。

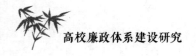

（6）归档。填报《党员干部函询办结呈报表》（见表5-7）呈报校纪委，纪委书记签批后5日内，将《党员干部函询办结呈报表》、函询通知书存根、函询回复材料以及其他有关被函询人的书面说明报告归档备案。相关材料要存入领导干部个人廉政档案，作为考察任用干部时参考。

表5-7　党员干部函询办结呈报表

函询 对象情况		姓名		性别		年龄	
		单位				职务	
函询事实、 依据、 结论							
纪委综合 意见		签名： 　年　　月　　日					
纪委书记 签批意见		签名： 　年　　月　　日					
备注							

（三）使用函询时需要注意的主要问题

（1）要结合高校工作的实际情况，进一步明确和理解函询的基本内涵、在高校适用的具体情形，与"第一种形态"的其他几种监督方式相区别。

（2）要严格按照函询的规定程序开展工作，杜绝工作中出现随意性，影响函询效果或出现违规操作。

（3）要制定规范的文书格式。高校纪检监察部门要根据高校的具体实际、操作流程制定规范的《函询通知书》，在文书中写明函询的主要问题或简要摘录问题内容，写清回复的时间、签字的人员等。

（4）对于没有按时回复的函询对象，学校纪检监察部门一方面应对其及时进行批评教育；另一方面要求其当面对问题进行说明，并写出书面材料，要求本人签字确认。同时要将其无视组织纪律的具体情况记录在领导干部个人有关档案材料里，以对本人作出提醒和警示。

（5）在函询过程中会遇到拒绝接受函询或故意隐瞒事实真相的情形，相关工作人员要及时报告学校纪委书记，作出相关的处理决定，并予以严肃问责。

（6）对于函询结果又涉及重大问题或重要情况的情形，工作人员应及时向学校党委报告。

（7）要与学校的组织部门做好开展好运用好"第一种形态"的协同工作，发挥其在高校干部人事选拔使用中的重要作用。

（8）坚守保密原则，做好对举报人、举报来源和举报内容的保密工作，保护当事人的合法权益。

第三节　"第一种形态"在高校应用存在的主要问题及原因

在监督执纪的"四种形态"中，第一种形态是基础、是关键，运用得好不仅可以达到对当事人批评教育的目的，还可以在学校形成警示教育效应，以减少违规违纪行为的发生概率。但是目前高校纪检监察部门在运用"第一种形态"过程中还存在一些问题，需要根据问题找到原因，不断提升运用"第一种

形态"的能力和水平。

一、高校在运用"第一种形态"时存在的主要问题

谈话函询工作的深入开展为把握运用监督执纪"四种形态"特别是"第一种形态"提供了有力抓手，但在一些高校实践过程中，仍存在纪检监察干部"不愿运用""不敢运用""不会运用"的突出问题。

（一）不愿运用

在运用"第一种形态"开展工作时，会有一种误区，认为谈话或函询的都是小问题或者不是问题，就不被重视，甚至存在"一谈了之""一函了之"现象。另一种极端是有的纪检监察干部认为采取谈话函询方式进行问题处置时，线索比较多，又比较笼统或难以查证核实，做起来有难度，因而出现不愿使用的情况。其实，谈话函询政治性、程序性很强，既有信任和关爱的组织温度，又有警示提醒的纪律刚性，绝不是大家表面上看到的一次谈话、一份函询通知书那么简单，要结合问题实际，具体分析、综合施策。

另外，有些人认为被纪委同志约谈或函询，基本是没有好事，或者被约谈函询者"不是好人"，因而会逐渐产生"远离纪委同志"的心理，这使得纪委监察干部在日常生活中会被人疏远或孤立，因此对工作产生畏难情绪和多重顾虑。还有部分高校的纪委书记是由学校内部产生的，在开展工作时碍于情面、顾虑重重，不愿意以谈话等形式与"老朋友"面对面，产生了"不愿运用"的问题。

（二）不敢运用

由于开展"第一种形态"的形式多样，各案件线索的情况各异，很难找到现成的经验借鉴，一些习惯了因循守旧的纪检监察干部出现了患得患失问题，不敢贸然开展工作。还有人担心被谈话函询对象因违纪违法问题被查处后，自己会因办案过程中对政策把握得不到位等问题受到责任倒查而心存忧虑，不敢继续做下去。同时，纪检监察干部始终处于反腐败的第一线，自然也会对自身或家人的安全隐患问题有所担心等，因此对一些苗头性、倾向性问题睁一只眼闭一只眼，没有形成伟大的斗争精神，不敢开展有针对性的斗争。

（三）不会运用

有些高校纪检监察干部既没有吃透采取谈话函询方式的标准和尺度，也没有充分把握依然严峻复杂的形势要求，更没有理解调整问题线索处置方式的深刻内涵。有的缺少谈话本领和技巧，不知道该如何应对谈话过程中的问题，对于谈什么、怎么谈、谈之前做什么、谈完后怎么做等一知半解。有的在谈话进行中受被谈话人左右，甚至出现激烈争辩的场景，不仅没有达到谈话目的，反而影响了纪委的形象。有的认为谈话和函询只能单独使用，有的把谈话函询与初核简单割裂开，有的在谈话函询后不能够及时跟进，以至于"一谈就了"。另外，对谈话函询的使用程序、处置方式等没有统一规定的标准，使其工作缺少遵循，造成工作程序或思路方面存在问题。

二、产生问题的原因分析

（一）理想信念的缺失

习近平总书记指出，理想信念是共产党员精神上的"钙"，理想信念缺失就会导致得"软骨病"。工作实践中，有少数纪检监察干部因政治理论学习不到位、理想信念缺失，一方面导致对落实"第一种形态"的认识有偏差，没有树立正确的监督执纪政绩观，重"惩"轻"教"，对全面从严治党的新理念、新思想、新战略理解不透、把握不准，在工作方法及成效方面与中央要求有差距，不愿意做谈话、函询等基础性工作；另一方面会导致斗争意识不强，产生一定的心理偏差问题：比如遇事不敢担当，有逃避心理，运用"第一种形态"时顾虑较多，怕失人缘，明哲保身，缺乏敢于较真的勇气。还有一些人因为理想信念缺失，无视党的政治纪律和政治规矩，守着纪检监察的岗位却作出违纪违法的行为，为了自己的所谓仕途或影响力，搞团团伙伙、拉帮结派、任人唯亲、排斥异己，甚至利用办案的机会收买人心、自行其是、阳奉阴违、跑风漏气，忘记了党和国家的信任，守不住政治纪律和规矩，严重影响了纪检监察部门的形象和影响力。

（二）能力素质的不足

目前，仍然有一些高校的纪检监察队伍组成情况不是很理想，由于专业背景和出身不同，加之一些纪检监察干部不善于钻研理论知识、政策精神，在能力素质方面明显不足，面对严峻复杂的形势和艰巨困难的任务时，会无所适从。长期下去，还会导致无意于求真务实，工作作风漂浮，方法简单，回避矛盾，害怕困难，不敢担当，"工作有安排，落实无回音"；有的知识结构单一，综合能力、协调能力不强，执纪能力滞后，在进行批评提醒、谈话函询时脸红、胆怯、腿软、乏力，缺少气魄和胆量；有的不善于把握和运用纪律语言、纪律思维和纪律艺术，谈话效果不尽如人意等，使得"第一种形态"的运用效果大打折扣。

（三）惯性思维的影响

惯性思维的产生，一方面是由于个人的工作能力所限，对新事物、新技术认识不上去，导致凭借过去的经验办事，在落实"第一种形态"中，思路无新意，工作无起色；另一方面是由于个人的思想落后于形势的发展，而个人还没有感觉，总觉个人能力够，认为只要把案件办结就可以，不注重思想教育，不注重纪律底线，"重查办案件、轻挺纪在前"，对"咬耳扯袖、红脸出汗"的实质内涵不深究，在具体运用批评教育、函询、诫勉谈话等方法时，手段弱化，仅凭老经验老办法想问题、做工作。曾经有人说"经验主义害死人"，就是针对墨守成规的思维定式来说的，这样的人是难于灵活把握诫勉谈话、函询等工作技巧的，也难于通过运用"第一种形态"达到警示教育效果，无形中阻碍了全面从严治党的前进步伐。

（四）制度体系的不健全

自监督执纪"四种形态"的要求被提出以来，各单位都在摸索如何提升使用效果的技巧，也有一些高校形成了相关的制度，但是仍有待进一步完善。比如缺少可操作性强的、务实管用的谈话函询实施办法，如何开展"第一种形态"的相关配套制度；由于执纪标准不够规范、操作流程不够严格，导致随意性和自由裁量权较大，尺度难以把握；有的高校对纪检监察干部工作目标缺少相应的量化考核机制，在评优评先、干部选拔等方面也缺少相应的激励机制，导致工作积极性不高、工作创新动力不足；还有的学校对纪检监察干部心理健康、工作压力的关心关爱不够，使这些人感觉工作起来很辛苦、很孤单，纪检监察干部把严管和厚爱给了别人，自己却没有得到关爱，加之长期压力较大，会导致出现职业倦怠。除此之外，由于制度体系的不健全，对纪检监察干部的保护也不到位，使一些人不敢工作、不愿工作。

第四节　提升高校纪检监察干部运用"第一种形态"的能力

认真落实监督执纪"第一种形态"是高校纪检监察部门在工作理念和实践上的重大转型要求，也是对监督责任的新挑战和新考验。运用好"第一种形态"需要有一支政治立场坚定、政治品格过硬的高素质纪检监察干部队伍作保证，因此，高校纪检监察部门要以高标准的政治素质、理论素质、知识素质、能力素质、心理素质及品德素质来要求员工，以不断地学习提升业务能力和水平，解决存在的不会运用、不愿运用、不敢运用"第一种形态"的问题，以最小的代价换取最大的纠错效果。

一、纪检监察干部运用"第一种形态"所需要的能力素质

党的十八大以来，中央反腐败的决心坚定不移，从"老虎""苍蝇"一起打，到"转职能、转方式、转作风"，再到实践监督执纪"四种形态"，每一次对纪检监察工作新要求的提出，都意味着纪检监察部门的工作定位更准确、职责更聚焦、标准更清晰。与此同时，还包括对纪检监察干部的要求更高了。要想真正把实践"四种形态"落实到位，就必须在政治上高站位、在工作上更敬业、在业务上更精通、在心理上更强大，这样才能更切实把握由"打"到"救"的精髓，掌握由"惩"到"教"的金钥匙，做好实践"四种形态"的好主力。

由于"第一种形态"应用比较多，所以对于新时代高校中的纪检监察干部

来说，提升自身能力素质以更好地应用谈话、函询等手段更为重要。《党政领导干部选拔任用工作条例》第二十七条明确提出了在干部选任时的要求，要"全面考察其德、能、勤、绩、廉，严把政治关、品行关、能力关、作风关、廉洁关"①，这实际上可以作为对纪检监察干部能力素质要求的参考。在具体工作中，除了要有坚定的政治素质、扎实的理论和知识素质，还要有一定的纪律素质和身心素质，做到全方位发展，才能把工作开展好。

（一）政治与品德素质

纪检监察机关是党的"纪律部队"，在深刻领悟"两个确立"的决定性意义、坚决做到"两个维护"上，担负着重大历史使命和政治责任，因此以政治建设立魂，永葆"铁军"本色，提升政治素质始终是首要要求。作为高校纪检监察干部，要深入学习领会习近平总书记的殷切期望和严格要求，从严要求自己，始终保证有坚定正确的政治方向，严守政治立场，发扬斗争精神，认清反腐败斗争的严峻形势和艰巨任务，以无私无畏的品格操守，始终坚定把党的伟大自我革命进行到底的决心。只有具备高水平的政治素质，才能将全面从严治党的相关政策要求真正落实到日常工作中，才能保证对易出现的各种苗头性、倾向性腐败问题有极强的政治敏锐性，才能敢于动真碰硬，挺起脊梁，冲锋在前做表率。同时，还要经常对照党的理论和路线方针政策、对照党章党规党纪，检视自身践行初心使命的效果，不断提升为党的教育事业不断奋斗的信心和决心。

（二）理论素质

党的十八大以来，反腐败斗争取得了历史性成就，反腐败的理论体系不断构建、创新成果不断形成、制度体系也在逐渐构建成型，这就需要从事纪检监察的人员不断加强学习，勤于学习、勤于思考、精于实践，才能一边把握好政策，一边提升工作成效。就应用"第一种形态"来说，十几种方式都适合哪些情形、使用中有哪些注意事项，如何把握好高校的廉政风险点，如何能够防患于未然，这些都要以政策理论为基础。"打铁必须自身硬"，只有理论上过硬，思想上才能更加坚定；只有思想上更加坚定，业务上才能更有力量。有了过硬

---

① 中国共产党重要党内法规学习汇编 [M]. 北京：中国法制出版社，2019：245.

的理论基础做铺垫，凡事才能先想一步、先迈一步、先做一步，结合高校工作特点不断创新工作方法，提升监督工作绩效，有的放矢地运用好"第一种形态"。

（三）知识素质

高校的纪检监察工作涉及的领域有很多，要将"第一种形态"在高校中落细落实，要求纪检监察干部不仅要具有扎实的纪检监察专业知识，也要具有多种业务理论知识素质，即要懂得经济、法律、会计、审计、管理、文化、历史等多学科的知识。如应用"第一种形态"时用到的各种公文写作、电话沟通、谈话笔录、文件整理和归档等工作，都是纪检监察人员的基本功。同时，要会分析案情、运用党纪国法进行研判、设计谈话技巧获取相关信息、判定案件性质给出处置意见等。"问渠哪得清如许，为有源头活水来"，纪检监察干部应是多面手，才能保证在廉政宣传教育、查案纠风、执法监察、调查研究等方面做到学以致用、以用促学、学用相长，才能保证各工作环节顺畅、规范。

（四）能力素质

理论素质和知识素质都是形成能力素质的基本前提，有了良好的理论素质和知识素质，还要将其应用到具体的工作中，高校纪检监察干部的能力水平主要表现在要具备扎实的综合工作能力方面，即包括决策、认知、应变、创新、预防风险、组织协调、沟通及表达等多方面。以开展"第一种形态"时的沟通能力为例，纪检监察干部不仅要有书面表达能力（主要体现为各种公文的制作、做好笔录、做好结案说明等），还要有良好的语言沟通技巧，因为凡是被通知谈话、函询的对象一般都会有各种情绪，一旦处理不好，会导致"第一种形态"应用失败，也很难获得更多有价值的线索，所以，秉持着"惩前毖后、治病救人"的方针开展"咬耳扯袖、红脸出汗"的工作，必须既有和风细雨的关爱，又有秉公执法的严厉，这是一种综合能力的要求。

（五）纪律素质

高校纪检监察干部在品德素质上有特殊的职业要求，因为"监督者，自身要接受监督；执纪者，自身要严守纪律；反腐者，自身要廉洁不腐"。从事纪检监察工作，不仅要有无私奉献的精神，还要有严于律己的优秀品质，明是

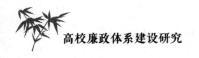

非、辨善恶、知荣辱、重自律、倡廉洁、求公平，为广大党员、干部和人民群众树立遵纪守法的模范形象，要以更高的自觉、更高的标准、更严的纪律要求自己，做到自身正自身硬自身廉，自觉地把自己置于党和人民的监督之下，保持道德的纯洁性，扣好自己的风纪扣，才能把好纪律的大铁门。

（六）身心素质

身心素质的含义比较广，就纪检监察干部开展监督执纪问责的具体工作来说，身心素质主要包括身体素质、心理素质以及身心平衡协调的能力，即要有健康的体魄和良好的心态。首先要始终具有健康向上的心态，这样才能在遇到困难时不被打倒，而是积极作为，顽强拼搏，愈战愈勇。其次要有抗压能力，心理素质过硬，对运用好"第一种形态"将起到事半功倍的作用，要具备驾驭复杂问题的强大内心，因为开展谈话函询的时候，当事人可能会有各种意想不到的表现，当被审查人情绪失控的时候，作为纪检监察干部，要始终保持定力、善于稳定不良情绪，保持清晰的思路，始终做到头脑清醒、有条不紊地处置问题；在日常工作中要耐得住寂寞、忍得住孤独、抗得住诱惑、守得住初心和使命。再次，要有公心，处理事情既合法合规，又不失组织的温暖，体现出严管和厚爱相结合。最后，纪检监察干部还要有良好的身体素质，既善于为别人解压，也要学会为自己解压，淡泊名利，远离是非，经常参加体育锻炼，做到劳逸结合，修身养性。工作中应找准自己的位置，积极愉快地开展工作。

总之，高校纪检监察干部要有"五心"：一心一意干事业的专心、自信百倍做成事的信心、清清白白做人的清心、坚持学习和研究的恒心及遇到各种情境时都能表现从容的忍心。

二、提升纪检监察人员能力素质的途径

纪检监察工作是经常抓、抓经常的工作，需要从业人员具有较高的能力素质，因此纪检监察人员一方面要有内在动力，通过各种方式加强理论知识学习、加强品德修养及工作实践；另一方面要求管理部门建立与之相适应的考核评价体系，以外力助推纪检监察人员不断提升从业素质，为开展好运用好"第

一种形态"做好准备。

(一) 加强知识学习

由于高校在教育教学及科学研究等方面有着独特的学习环境优势和人才集聚优势，所以，纪检监察干部要提升基础理论和专业知识的学习水平有更多更优质的资源，要勤勉敬业、认真学习，提升从业本领，为进一步开展高校党风廉政建设和反腐败斗争筑牢理论基础。

结合开展"第一种形态"的工作，纪检监察干部要弄清楚以下问题：学什么、怎么学。

1. 学什么

作为一名一线纪检监察人员，首先要加强思想政治理论的学习。结合主题教育的契机，进一步理解和掌握马克思主义基本原理与中国实际相结合、与中华优秀传统文化相结合所形成的一系列理论，尤其是习近平新时代中国特色社会主义思想的主要内容，理解贯穿其中的立场观点方法，从而确立正确的政治方向和立场，坚定理想信念、对党忠诚，同时要经常重温党章、牢记入党誓词，保证在工作中始终有正确的思想指导，始终遵守政治纪律和政治规矩，在思想上政治上行动上同以习近平同志为核心的党中央保持高度一致，将党的反腐败斗争的决心贯彻到底。

其次是要加强专业知识的学习。专业理论知识的学习是为提升工作绩效和办案水平服务的，要结合日常工作，补充多方面知识能量，如纪检监察工作经常会涉及经费使用的问题，那么有关的财务知识、会计知识、审计知识以及法律常识等都要了解学习，要善于从一些数据资料中分析出有价值的线索，既要有微观细致的思考，又要有宏观建构的视野，这些要求需要有扎实的专业知识做基础才能实现。另外，要掌握应用"四种形态"的基本情形，要善于使用"第一种形态"开展工作，尽量减少校内违纪违规问题的发生。还有就是要掌握现代信息技术，要能及时跟上发展，不仅自己不被时代落下，还要能将这些技术应用于案件的查办，如通过大数据进行分析等。

2. 怎么学

要按照"基础理论必学、本职业务深学、修身知识勤学、急需知识先学、相关知识博学"的原则安排纪检监察干部的学习提升。要不断研究、分析开展

"第一种形态"的有效路径，重点理解和思考"第一种形态"的内涵，认识其关键性和重要性，深入思考"咬耳扯袖"提醒的到底是哪些内容？"红脸出汗"又会达到怎样的效果；在把工作重点从"盯违法"转向"盯违纪"的过程中应该如何把批评教育、诚勉谈话、约谈函询等多种监督手段运用起来，达到未触底线先反省的预防效果；等等。要按照"深入思考学、带着问题学"的要求，联系工作实际，将所学的理论知识与工作实践相结合，并通过专题研讨会、纪检监察干部培训班、业务交流会等多种学习方式对理论成果进行认知。

（二）提升政治素养

高校纪检监察干部的政治品德及素养的提升不是一日之功，不仅要结合各种主题教育加强教育熏陶，还要把忠诚干净担当作为终身课题来做，以保证这支队伍的"铁军"本色。习近平总书记每年在中央纪委全会上的重要讲话中都会强调加强纪检监察队伍建设，曾经提出过"谁来监督纪委"的问题，提出过防止"灯下黑"的要求，问题来自纪检监察干部的政治素养不足，影响了"门风"。监督别人的人，首先要监管好自己，因此要通过回忆、对比、纠错的基本做法，对工作中发生的事做到"一日三省吾身"，及时总结发现问题，以《中国共产党章程》《中国共产党廉洁自律准则》《中国共产党纪律准则处分条例》等为参照，以先进人物、德高望重者的言行为榜样，以更高的标准、更严的纪律要求自己。在职业操守方面要做到干一行、爱一行、专一行，兢兢业业、恪尽职守，做到忠诚坚定、担当尽责、遵纪守法、清正廉洁，确保党和人民赋予的权力不被滥用、惩恶扬善的利剑永不蒙尘，在不断完善自身中培养高风亮节，增强明辨是非的能力，用高校纪检监察干部特有的人格力量，感化人、教育人、激励人。另外，还要始终遵守社会公德、职业道德、家庭美德，始终在作风建设、纪律建设方面做表率，"打铁必须自身硬"，这个"硬"首先就是政治上的过硬。

（三）加强实践运用

在运用"第一种形态"开展工作时，常常会感到党员干部违规违纪的苗头性、倾向性问题都不是孤立地存在，而是潜藏于日常工作的方方面面。首先从监管人员工作实践来看，很难在第一时间察觉或一次监督到位，尤其是涉及高校的基建、招生、大型物资采购等重点领域，由于不同领域存在不同程度的廉政风险点，就更需要纪检监察人员具备一定的分析研判能力、政策把握能力，而且经历过案件办理过程就会增加经验，以后再有相似问题出现就可能会更早发现。其次要对不同岗位的工作有一定的了解，对预测判断违纪问题线索的可能性就会加大，对腐败风险隐患发现的机会就会提前，有利于减少甚至是阻止问题的出现，将问题消灭于初始状态。对于有倾向性的问题，必须判断预测在前，及时提出措施，把问题解决在成风之初；对于带有普遍性的问题，必须提早制约堵塞漏洞，使问题立行立改，发现不了问题和忽略小问题一样都是问题。

（四）强化监督考核

科学的工作机制要靠严格的监督和考核制度进行约束，对高校纪检监察干部的工作要及时建立监督考核制度和跟踪评价体系，使监督者时时刻刻也处于被监督的状态下，使"权力在阳光下运行"。对考核结果要及时予以反馈，或者是与业绩相挂钩或者是与职务晋升相挂钩，保证对监督者的监督到位，并使监督结果发挥作用。对在考核中发现的纪检监察干部生活中遇到的难题要一个一个攻克、工作要一项一项落实，让其感受到组织的关爱。在制定监督和考核评价制度时，要坚持当前与长远相结合、个人与集体相结合、严管和厚爱相结合，对本部门的总体目标进行分解、层层落实责任，制定明确的时间表和路线图，有明确的考核评价标准，使每个人明明白白做事、积极主动担责。为了不断强化监督考核效果，要不断加强对纪检监察部门及其人员的培训，并将继续教育的内容及过程纳入考核评价指标，以此督促从业者提升对学习和考核的重视程度。

第五节 高校纪检监察部门应用 "第一种形态"的保障机制

"夫祸患常积于忽微"，大多数腐败案例的出现都是从党员干部的破纪开始的，并最终走向了违纪违法，由小到大、由轻到重的过程中，就是缺少了有效

的监管，缺少"红脸出汗"的教育帮助过程，可见应用"第一种形态"不仅意义重大，而且任重道远。高校要不断完善开展"第一种形态"的各种保障机制，从根本上解决纪检监察干部"不愿、不敢、不能"的问题，解决其后顾之忧，才能更好地提高其工作积极性、提升其工作能力素质，以形成坚强的纪律防线，从而使这些人更好地发挥作用，阻断高校中一些人可能出现的从前一种形态向后一种形态演化的腐败。

一、前提条件：党委高度重视

作为关心爱护党员干部的重要手段，高校党委要把运用好"第一种形态"作为落实管党治党主体责任的重要方式之一，要旗帜鲜明地支持纪委出台关于"第一种形态"的相关制度，并带头执行此制度，将纪委工作纳入学校重大党建工程中。要注重加强统一协调规划，统筹推进纪检监察工作，层层传导压力，及时听取有关情况的汇报，体现出对该工作的关注和重视。要为纪委开展工作提供一定的政策支持，保护纪委干部不受到与案情有关的意外伤害；在高校内部进行干部人事制度、职称评聘制度等改革的时候要予以充分重视；要大胆起用和提拔在纪检监察岗位作出突出贡献的人员。结合中央提出的"大兴调查研究"的要求，党委领导干部要经常带头深入调查研究，扑下身子干实事、谋实招，以"关键少数"的影响作用以上率下，纠治各种形式主义、官僚主义，破除特权思想和特权行为，为纪检监察部门开展好工作尤其是运用好"第一种形态"保好驾护好航。

二、关键因素：健全相关制度

要想将"第一种形态"运用好并且发挥出辐射影响作用，就应该健全相应的制度体系。由于"第一种形态"所对应的情况基数大、类型多，相关的制度也应该多样化、规范化，对函询谈话、诫勉、批评教育、提醒、约谈、召开专题民主生活会等方式作出具体的操作流程设计，对学校的廉政风险点进行梳理，使问题止于未萌，确保每一次开展工作都有章可循、有规可依。

建议出台高校谈话函询实施细则，对组织实施部门、谈话对象和情形、谈话方式、内容、程序和要求等逐一作出明确规定。尝试制定有关谈话人员的人数、层级、回避、保密等相关制度；出台高校约谈工作档案制度，实现"一人一套约谈方案、一份约谈提纲、一份问题清单、一份签字背书承诺"，实施痕迹化管理。建立健全问题线索研究审核机制，严格依照中央纪委提出的五类处置方式和相应标准，做到该谈必谈、该询必询。出台高校纪委干部任用、履职及综合考核规范，对从事纪检监察工作的人员提出高标准、严要求，同时调动其工作积极性，以此加强规范管理和激励引导，以提高履职能力。

三、环境基础：良好政治生态

为提升政治生态基础，减少出现违纪违法行为的可能性，对高校纪检监察工作提出以下几点建议。

（1）盯紧关键节点，做到常提醒。中国人是十分重视节假日的，有人就借用这样的"由头"展开行贿受贿。随着新技术的普及，隔空送礼等情况不断出现，因此，纪检监察部门每逢元旦、春节等重要节假日，首先要利用微信、公众号、宣传板等途径发布通知、发送廉政短信，提醒党员干部清廉过节；其次要做好重要事宜的提醒和报备，如师生员工及其家人的婚丧喜庆事宜是人之常情，如何办、怎么办，何时提出申请、如何做好报备等，都需要纪检监察部门给予解答并规范相关的制度。

（2）紧盯重要岗位，加强风险防范。对高校的重点岗位如组织部、人事处、计财处、招生处、设备处等要梳理岗位风险点，做到重点抓；对一般事务性工作要作出流程设计，坚持经常抓。同时，要作出风险防范的相关预案，采取综合检查与专项检查的办法，加强对重点岗位或重点领域的监管，做到问题发现在早、查处在小。

（3）紧盯日常教育，创新监督方式。高校纪检监察部门要把营造良好的政治生态作为基础工作来抓，因为要运用"第一种形态"始终把纪律和规矩挺在前面，所以，相应的党规党纪的宣传教育、廉洁教育就显得更为重要，依托微信平台、校报推出廉政微课堂、专栏；定期开办廉政专题教育讲座，通报典型案例等，对发现的问题线索，定期梳理排查，用好谈话函询等工作方法。另外，还可以发动广大学生的力量，在学生群体中组织各种活动，或建立学生社

团，专门做一些研究、宣传工作，利用好学生的监督力量，使全体师生对党纪国法时刻有戒惧，做好维护风清气正政治环境的责任人。

四、有效手段：加强工作监督

对高校纪委应用"第一种形态"开展工作加强监督，及时肯定工作成绩、发现存在问题是一个必选动作和必要措施。因此，首先，要建立健全监督管理机制和信息反馈机制，加强对谈话、函询结果的处置管理，及时收集和研判各部门批评与自我批评、述职述廉述责等相关信息和问题，了解整改落实情况等动态信息，实时、准确地考核谈话函询的人数及效果如何，问题是否得到落实和纠正，质量效果是否达到预期目的，并对这一结果建档保存，作为开展其他各种形态工作的基础。其次，对约谈、函询、诫勉谈话、通报批评等内容分类整理分析，对工作成效分类打分，对成效突出的要及时给予奖励，对开展工作不力的要问责，尤其是加强对主要领导人的问责；将"咬耳扯袖、红脸出汗"开展情况纳入党风廉政建设责任制考核，倒逼各单位抓好、落实好"第一种形态"。近些年，巡视巡察工作对党风廉政建设和反腐败斗争发挥着重要的作用，要营造良好的政治环境，还要以巡察与巡视、专项检查、定期与不定期检查、明察与暗访等多种形式，以勤敲打、重督促、常提醒等多种常态化方式，多渠道地让全体教职工感到监督无死角，做到慎小、慎微、慎始。

第六章　打造特色廉洁文化
推动高校廉政体系建设

　　中国共产党始终高度重视廉洁文化建设工作，无论是在革命战争年代毛泽东同志提出的关于廉洁的主张和对腐败问题的严惩，还是在社会主义建设时期及改革开放后形成的一系列廉政思想及理论，都彰显着中国共产党人对廉洁政府建设的要求、对干部清正廉洁的要求。从制度建设及宏观规范方面，如2005年1月，中共中央颁布的《建立健全教育、制度、监督并重的惩治和预防腐败体系实施纲要》，核心思想是提出要发挥教育预防犯罪和预防腐败的作用，以加强反腐倡廉教育为抓手，筑牢拒腐防变的思想道德防线；2022年2月，中共中央办公厅印发了《关于加强新时代廉洁文化建设的意见》，明确了加强新时代廉洁文化建设的重大意义、指导思想、目标任务、重点任务和实现路径等，将加强新时代廉洁文化建设的重要性提升到国家治理层面，这些都成为新时代打造特色廉洁文化的基本制度遵循。

　　党的二十大报告中明确提出要坚决打赢反腐败斗争攻坚战持久战，做法之一就是要不断"加强新时代廉洁文化建设，教育引导广大党员、干部增强不想腐的自觉，清清白白做人、干干净净做事，使严厉惩治、规范权力、教育引导相结合、协调联动"①。应该说，廉洁文化建设是构筑"不想腐"堤坝的重要路径，反腐败斗争要做到"无禁区、全覆盖、零容忍""巩固压倒性态势，夺取压倒性胜利"，不仅需要有法律和制度的约束，更需要每个人以廉洁的自觉、坚如磐石的反腐决心来践行。

　　作为承担人才培养、科学研究、社会服务、文化传承重要使命的高校，理应将廉洁文化做得更好，因为高校首先就应该是一片净土，这里还有那么多高

---

① 习近平．高举中国特色社会主义伟大旗帜 为全面建设社会主义现代化国家而团结奋斗：在中国共产党第二十次全国代表大会上的报告［M］．北京，人民出版社，2022：69-70．

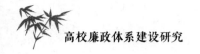

层次、高素质的人才，有各种文化传播渠道和平台，所以，在廉洁文化建设方面要不断探索创新，并将廉洁文化建设作为一体推进"三不腐"的基础工程。但是，事实没有那样理想，一些高校廉洁文化建设受各种因素的影响和约束还显得相对滞后，出现屡禁不止的贪腐现象和诸多不容忽视的腐败问题，学生群体中也存在一些不廉不洁的行为，甚至一些党员干部、教师和大学生中的廉洁文化严重缺失，"笑贫不笑贪""有权不用，过期作废"等"羡腐"思想也存在一定空间，使得高校的廉洁文化建设工作任重而道远。

第一节　廉洁文化建设的内涵、意义及存在的主要问题

新时代推进全面从严治党向纵深发展，必须突出"廉而有为"，既要继续从严治理腐败，保证国家政权的廉洁性，又要进一步加强建设、健全机制，克服"廉而不为"的问题，培养大批能干事创业的人才，激发干部队伍的活力，因此要营造积极进取、奋发有为的廉洁氛围作为环境保障。高校作为培养社会主义事业建设者和接班人的重要场域，要认识到加强新时代廉洁文化建设是一体推进不敢腐、不能腐、不想腐的基础性工程，是推进全面从严治党向纵深发展、向基层延伸的重要内容，是党自我革命必须长期抓好的重大政治任务[①]。要结合高校发展实际将廉洁文化建设融入办学治校、党建管理、教育教学等全过程，与纪检监察部门的工作同向同行，推动廉政体系建设高质量高水平发展。

一、廉洁与廉政的内涵

战国时期的伟大诗人屈原在《楚辞·招魂》中首次提到"朕幼清以廉洁兮，身服义而未沫。"这里讲的廉洁是不接受他人馈赠的钱财礼物，不让自己的清白人品受到沾污。其中的"廉"是清廉，就是不贪取不应得的钱财；"洁"的本义是洁白，这里指人生光明磊落的态度。

---

① 于国君. "三不"一体化推进背景下高校廉洁文化培育研究［J］. 辽宁工程技术大学学报（社会科学版），2022，24（3）：222-225.

东汉著名学者王逸在《楚辞·章句》中对廉洁的解释为"不受曰廉，不污曰洁"。《辞海》中对该词的解释为："清廉、清白"。《词源》的解释为"公正，不贪污"。

廉洁最基本的内涵有两点：一是对自己日常物质方面的要求，在物质的使用上要勤俭，在行为表现上要做到不奢侈、不浪费；二是在政治人格上的追求，要求人的行为要做到清白、正直。

廉政一词相较于廉洁来说，更注重对政府或行政人员廉洁的行为过程及评价，最早出现在《晏子春秋·内篇·问下》中"廉政而长久，其行何也?"。其本来含义就是指"廉正"，即清廉公正的政治。吴光指出"廉政就是公正廉明的政局、政制、政策、政德的良性结合与辩证统一。"[1]在《现代汉语新词语词典》中廉政被解释为"动词"，意为"使政治廉洁"，通常所说的"廉政爱民""廉政措施"即为此意。《现代汉语褒贬用法词典》提出廉政是一个褒义词，主要包括两个方面的含义："一是指廉洁的政治措施，二是指廉洁的政治体制或政府机构。"[2]柳建辉等认为，廉政"即廉洁政治，指国家政权和社会运行中掌握公权力及履行公共职务的人员，应当清明廉洁，公正无私，并在国家和社会治理中形成实现该目标的有关思想制度文化及其实践的统一有机体。"[3]经常可以看到一些人会将廉洁文化和廉政文化通用，都是基于廉政体系的范畴，基于党风廉政建设和反腐败斗争的背景，内涵差异不是很大。

保持廉洁、反对腐败，直接关系到中国共产党的执政地位和人民政权的巩固，因此，中国共产党始终重视廉洁政治的建设及发展，以廉政建设的实际来回应国情发展和时代需要，有效实现了廉洁政府建设的目标。还在延安时期就打响了反腐第一枪，苏维埃政府在苏区开展了声势浩大的廉政运动，之后处理过的黄克功案，肖玉璧案，刘青山、张子善案等，都在中国共产党早期反腐倡廉的历史上画上了浓墨重彩的一笔。改革开放之后，一些党员领导干部面对多元化价值观的冲击，受到经济利益的驱使，在关键时刻不能把握好自己，陷入了腐败的泥潭，严重影响了党的执政形象，影响了廉洁政府、廉政队伍建设的

① 吴光. 廉政的内涵与中国廉政建设的历史经验 [J]. 浙江社会科学，2006（03）：63-65，104.
② 罗静. 不同历史时期中国共产党廉洁教育的内容体系与当代启示 [D]. 武汉：华中师范大学，2017.
③ 柳建辉. 中国特色社会主义廉政建设 [M]. 石家庄：河北人民出版社，2018：1.

进程，对党长期执政提出了重大挑战。党的十八大之后，以习近平同志为核心的党中央将"全面从严治党"纳入"四个全面"战略布局中，使党的面貌焕然一新，为党和国家事业发生历史性变革提供了坚强的政治保证。在深化行政体制改革中，按照"职能科学、结构优化、廉洁高效、人民满意"①的标准建设服务型政府。"干部清正、政府清廉、政治清明、社会清朗"是中国共产党在全面把握世情、国情、党情和民情的基础上，对新形势下建设廉洁政治新要求提出的战略目标，也是对党风廉政建设和反腐败斗争提出的目标要求，彰显出党坚定不移开展反腐败斗争的鲜明立场。

经过人类文明发展的洗礼，廉洁已经成为人类的一种价值追求，成为一个高素质的人必须具备的基本品格，成为新时代评价好干部必须考量的标准。尽管时代的发展使人们对廉洁内涵的理解发生了一定的变化，对廉洁的衡量标准有了更复杂的指标，但是廉洁所追求的文化内涵、价值理念没有变，越来越多的人已经将这种追求作为个人修养和自我升华的需要，因此，开展廉洁教育、建设廉洁文化也将成为高校廉政体系建设的重要内容之一。

二、廉洁文化的内涵

（一）廉洁文化

从宏观上来说，廉洁文化是社会主义文化的重要组成部分，廉洁文化的发展对中国特色社会主义文化的发展有着重要推动作用，从某种意义上来说，可以影响社会主义文化发展的质量和水平。廉洁文化具有丰富内涵，是廉洁的理论和行为方式及其相互关系的总和，是关于廉洁的知识、理念、制度及与之相对应的生活方式、行为规范的总概括。"在十九届中央纪委六次全会上，习近平总书记首次提出了新时代廉洁文化建设的重大课题，剑指'不想腐'，放眼长远，立意深远"。②作为一个社会学、政治学的概念，廉洁文化属于文化的范畴，除了文化的一些基本特征外，还具有以下几种特征。

一是廉洁文化主体具有大众性。一方面表现为所有的公民都应成为廉洁文

① 中共中央文献研究室. 十八大以来重要文献选编：上［M］. 北京：中央文献出版社，2014：22.
② 谢晓锐，董翼. 新时代高校廉洁文化建设的实践理路［J］. 学校党建与思想教育，2023（03）：57.

化建设的主体，要在全社会营造良好的廉洁氛围，以健康向上的廉洁文化充实社会公众的精神世界；另一方面表现为廉洁文化建设的对象和承载者也是所有公民，要根据公众的需要、接受程度创新各种廉洁文化建设的形式和途径。

二是廉洁文化建设的目的具有权力的指向性。这一特性主要指廉洁文化建设的目标是"权为民所用、利为民所谋"，因此，一方面要求掌握社会公权力的管理者自身做到廉洁自律，恪守宗旨，执政为民；另一方面要求所有的工作要围绕着保证公众的权利服务，要以廉洁文化建设为牵动，深入开展好党风廉政建设和反腐败斗争，使公权力在阳光下运行并且为公众的利益服务。

三是廉洁文化建设的组织具有公共性、活动具有公益性。廉洁文化建设作为社会主义先进文化建设的重要内容之一，主要是由党和国家提出总体要求、作出建设规划，各级部门抓落实、做工作，促进政策的贯彻落实，"推动廉洁文化建设实起来、强起来，不断实现干部清正、政府清廉、政治清明、社会清朗"①，这种公共性和公益性要求政府和组织除了要制定政策，还要有必要的人员和经费投入，提供一定的场所和平台做好廉洁文化的宣传和推广，如形成廉洁网络文化、廉洁价值观，举办公益活动、警示教育活动等。

（二）高校廉洁文化

廉洁文化作为一种文化形态，以崇尚廉洁、拒绝腐败为主旨，融价值理念、行为规范和社会风尚于一体，是"人们关于廉政的理论、价值、规范和心理以及与之相适应的思想意识、行为取向、生活方式和社会风尚的总和"②。关于高校廉洁文化的内涵，目前还没有统一权威的定义，各学者主要结合高校的发展实际及党风廉政建设的总要求进行不同视角的探索。如有人认为，高校廉洁文化就是将廉政建设的理念与高校的实际情况结合，"以清廉文化建设为核心，以高校青年群体为目标，廉政文化融入教师、学生、各级管理者、学生干部及大学生群体。夯实党建清正廉洁思想基础，学以明理、学以增信、学以力行，以教化人、以廉养心、廉洁修身"③；高校廉政文化"是以先进的廉政

---

① 中共中央办公厅关于加强新时代廉洁文化建设的意见［EB/OL］.（2022-02-26）［2023-08-15］.
　　https://www.waizi.org.cn/za/128833.html.
② 曹雅丽. 准确把握新时代廉洁文化建设的内涵要求［J］. 中国纪检监察，2022（5）：24.
③ 曹荣. 高校清廉校园文化建设路径研究［J］. 河北青年管理干部学院学报，2023，35（4）：108.

制度为基础，以先进的廉政理论为统领，以先进的廉政思想为核心，以先进的廉政文学艺术为载体的一种文化形式"；①还有学者认为，"廉洁文化是人们长期形成的奉公自律、不谋私利的价值理念和行为规范的总和，具体表现为廉洁思想、廉洁精神、廉洁道德标准、廉洁社会风气及与之相关的一系列廉洁行为方式。"②

国家高度关注高校廉洁文化建设，并将其作为学校内涵式发展的重要前提，出台过的《中共中央 国务院关于进一步加强和改进大学生思想政治教育的意见》《关于加强高等学校反腐倡廉建设的意见》《教育部关于在大中小学全面开展廉洁教育的意见》《关于加强新时代廉洁文化建设的意见》《关于加强高等学校反腐倡廉建设的意见》等及习近平总书记的系列重要讲话中，都可以找到对高校廉洁文化建设的相关要求。当前，廉洁文化建设已经成为各高校的一项政治责任，把廉洁文化建设纳入党风廉政建设和反腐败斗争的总体布局中统筹谋划，作为廉政体系的重要内容一体建设，也成为高校党建工作的一项重要内容。

三、高校开展廉洁文化建设的重要意义

（一）高校廉洁文化建设是全面从严治党的题中应有之义

党的十八大以来，习近平总书记对党要管党、从严治党、全面从严治党的问题发表过一系列重要讲话，从政治建设、思想建设、组织建设、作风建设、纪律建设、反腐倡廉建设和制度建设等方面提出了一系列新判断、新思路、新举措和新要求。建设廉洁政治是中国共产党一以贯之的政治立场，是开展自我革命必须长期抓、抓长期的一项重大任务。在十八届中央纪委六次全会上，习近平总书记指出，全面从严治党，核心是加强党的领导，基础在"全面"，关键在"严"，要害在"治"。党的二十大报告中指出，"全党必须牢记，全面从严治党永远在路上，党的自我革命永远在路上，决不能有松劲歇脚、疲劳厌战

① 钟建平. 党建文化 高校基层党组织发挥作用的有效载体 [J]. 丽水学院学报，2012（04）：106.

② 李景平，周海建. 廉洁文化建设应融入一体推进"三不"机制全过程 [J]. 廉政文化研究，2022，13（2）：9.

的情绪，必须持之以恒推进全面从严治党，深入推进新时代党的建设新的伟大工程，以党的自我革命引领社会革命。"①可见党中央对当前党的建设面临的形势、挑战的高度警醒，体现了党中央管党治党的决心之坚、力度之大，对党的建设理论创新和对执政党建设规律的深刻认识，对肩负的历史使命的强烈担当。

教育、科技、人才是全面建设社会主义现代化国家的基础性、战略性支撑。要加强党对教育工作的全面领导，要办好人民满意的教育，要让人才在清清朗朗的政治空间中成长，高校承担着重要的责任。在高校开展廉洁文化建设有利于高校实现思想建党和制度治党的同向发力和协同推进，突出体现廉洁文化对党永葆初心、勇担使命的价值彰显，同时可以将其作为校园文化建设的重要内容以提升校园文化建设的质量和水平。

加强高校的廉洁文化建设，首先，要强化党对文化建设的全面领导，强化党内政治文化的引领和示范效应。其次，要落实全面从严治党的各种政策必须加强师生员工的理论知识学习，强化思想提升、理论武装、阵地巩固，借主题教育等契机助力形成良好的学风。再次，高校结合廉洁文化建设加强党政领导班子建设、党员干部队伍建设、基层组织建设、学生党支部建设、各项配套制度建设等，也是党的自身建设的题中应有之义。最后，高校加强师德师风建设，对选人用人、招生考试、科研课题、采购招标等重点领域重点环节实行监管，是落实党内监督要求的具体举措。通过一系列管党治党的行动，可以引导广大师生尤其是各级领导干部提升廉洁意识，"知敬畏、存戒惧、守底线，从而充分发挥廉洁文化的浸润、感染、熏陶的影响力和约束力，筑牢师生'不想腐'的思想基础"②，使党的领导在高校更加坚强有力，让社会主义办学方向更加坚定。

（二）高校廉洁文化建设是营造良好政治生态的必然选择

作为一个政治学概念，政治生态主要是指在"政治体系内部诸要素之间以

①习近平. 高举中国特色社会主义伟大旗帜，为全面建设社会主义现代化国家而团结奋斗：在中国共产党第二十次全国代表大会上的报告 [M]. 北京：人民出版社，2022：64.
②廖素梅. 新时代高校廉洁文化建设的思考与路径研究 [J]. 柳州职业技术学院学报，2023，23（1）：82.

及与外部社会环境之间运行互动所表现出的一种状态。良好的政治生态是具备多样性、正义性、适应性、廉洁性等特征的完整且精密的系统"。①在十八届中央纪委五次全会上习近平总书记根据一些地方、部门和领域出现的政治生态问题提出"重构政治生态"的重大任务，这是我们党必须面对和解决的一个关键问题，因为风清气正的政治生态有利于加强党的自身建设，事关党和国家事业长远发展、事关人民群众的根本利益，只有良好的政治生态才能解决自身肌体积弊，治"病树"、拔"烂树"、正"歪树"，实现政治生态"山清水秀"，全面深化改革才能往前推进，全面依法治国才能有良好的开局，才能永葆党的政治本色。②

高校开展廉洁文化建设，不断涵养风清气正的政治生态和清清爽爽的育人环境，使大学生有良好的学习成长空间、教职工有轻松愉悦的工作环境，不仅对于提升高校治理水平和治理能力现代化有所帮助。更重要的是一旦形成稳态化的廉洁文化体系，会形成具有特色和传播效果的道德观念、精神操守、行动准则，这将对师生员工日常行为起到引导和规范作用，推动高校领导层、管理层、一线师生自觉接受和传播廉洁文化、抵制不廉不洁行为及其腐败价值观念的侵袭，在遇到各种利益诱惑的时候能够作出恰当的理性选择。高校是人才培养的摇篮，高校形成良好的政治生态是全党重塑政治生态的源头之举，不仅可以对高校健康、可持续发展提供重要的环境保障，更重要的是可以对培养以德为先的接班人形成重要的环境保障。

（三）高校廉洁文化建设是教育高质量发展的文化保障

高校中，教师是教育事业高质量发展的中坚力量，也是贯彻落实国家教育方针、促进教育内涵式发展的重要推动者。良好的高校廉洁文化，可以提升党政干部的政德修养，提升其"明大德、守公德、严私德"的意识，以廉洁文化促进教风、学风建设，从"学问之师"到"品行之师"，实现教书、育人并重。廉洁文化建设与大学生的思想政治教育是同向同行的工作，良好的廉洁文化能将廉洁理念渗透到学校的育人过程中，达到对大学生启智润心、扣好人生的第一粒扣子的目的，还能对大学生价值观的形成起到引领和纠偏的作用，从而达

---

① 曾雅清，卢伟. 关于新时代高校廉政文化建设的思考 [J]. 公关世界，2022（21）：92.

② 刘向松. 认真落实全面从严治党的政治责任 [J]. 当代兵团，2016（08）：8-10.

到"以理想信念强基固本、以廉洁文化启智润心、以高尚道德砥砺品格"。①

　　高校人才聚集、文化底蕴厚重，要发挥这个优势形成廉洁教育体系，将廉洁精神文化、制度文化、物质文化、行为文化等内容贯穿教育教学全过程，形成高校发展的新特色、学科建设的新增长点，通过打造崇廉尚洁的育人环境，推动学校教育生态的高质量发展，筑牢发展的文化基础。高校只有不断追求以文化为牵动的高质量发展才能提升其发展内涵，"才能在更高水平上实现教育战线思想上的统一、政治上的团结、行动上的一致，才能确保教育事业发展的正确方向，才能坚定走好中国特色社会主义教育发展道路。"②

（四）高校廉洁文化建设提升了校园文化的功能

　　高校的校园文化内涵十分丰富，作为文化体系建设的内容之一，对高校廉洁文化体系的构建可以有不同角度的理解，如参照文化构成的层次可以将廉洁文化分为理念层面的廉洁文化、制度层面的廉洁文化、物质层面的廉洁文化和行为层面的廉洁文化；曹荣基于高校的实际构建了"立体式"高校廉洁文化建设模型，包括高校领导廉洁工作、行政人员廉洁服务、教师廉洁从教、学生干部廉洁管理、学生廉洁意识培养几个方面。无论如何界定高校廉洁文化体系，廉洁文化所能发挥的作用始终是最应该关注的，因为这会丰富高校校园文化内容，助力校园文化功能的发挥。

　　首先，廉洁文化一旦形成，就会对全体教职员工起到导向作用，指导师生按照文化理念去做事、按照大学章程治理学校。其次，廉洁文化具有约束功能，这是一种文化上的软约束，虽然其不具有强制性，但作为一种无形的影响力具有强大的稳定性和持久力。再次，廉洁文化具有凝聚功能，通过全体成员的信念、动机、期望等文化心理作用来形成全体人员的共识，培养组织归属感和向心力。再次，廉洁文化具有激励功能，优秀的廉洁文化体系可以营造出身心愉悦、愿意干事创业的氛围，使全体师生员工愿意规规矩矩做事，也能激发出内在动力。最后，廉洁文化具有辐射功能，各高校通过自身文化建设的经验形成各具特色的文化体系，不仅可以对内发挥辐射带动作用，还会通过各种途径对其他高校、企事业单位、周边社区发挥出廉洁示范作用，产生强大的辐射

---

① 谢晓锐，董翼. 新时代高校廉洁文化建设的实践理路［J］. 学校党建与思想教育，2023（3）：58.
② 本书编写组. 习近平总书记教育重要论述讲义［M］. 北京：高等教育出版社，2020：18.

力和感召力，进一步带动全社会形成廉洁文化氛围。

（五）高校廉洁文化建设可以助力推动"三不"机制一体发展

"三不"机制即"不敢腐、不能腐、不想腐"。2013年1月，在十八届中央纪委二次全会上，习近平总书记提出"三不"的目标任务，"要加强对权力运行的制约和监督，把权力关进制度的笼子里，形成不敢腐的惩戒机制、不能腐的防范机制、不想腐的保障机制。"①从廉洁文化的结构与功能来看，"不敢腐"是行为层面的要求，讲的是纪律、法治及其产生的震慑作用，需要纪检监察部门时刻保持高压、震慑的状态，这是不能腐、不想腐的前提；"不能腐"是廉洁文化的制度层面要求，强调的是扎紧制度的笼子，通过制度建设、监督约束形成制度屏障，这是不敢腐和不想腐的保障；"不想腐"是廉洁文化理念层面的要求，强调的是认知、觉悟、理想信念的提升，是不敢腐、不能腐的思想防线。

"廉洁文化为一体化推进'三不'机制提供柔性约束、制度支撑和价值引领。"②廉洁文化的影响与党纪国法产生的刚性约束不同，学校可以通过廉洁理念的宣传引领使廉洁意识润物无声地融入师生员工日常生活工作的价值观判断中去，使每个人都能主动地寻找自身在廉洁方面存在的不足，形成正确的判断，提升参与校园文化建设的主动性，提升对廉洁内涵的认知。在开展校园廉政体系建设过程中，廉洁文化作为重要内容，需要纪检监察部门不断创新建设模式，从廉洁文化内涵的提炼到开展各种宣传普及活动，再到将廉洁文化作为制度建设的重要内容为保证"三不"一体推进提供保障等，都是高校廉政体系创新发展的动力，也是其举措。反腐败斗争具有长期性、复杂性和艰巨性，"三不"机制的建立也需要长效机制予以保障，廉洁文化体系会提供"坚持什么、反对什么，提倡什么、抵制什么，赞成什么、否定什么"的价值判断和行为导向，为"三不"机制提供价值引领。

---

① 习近平. 更加科学有效地防治腐败 坚定不移把反腐倡廉建设引向深入：在十八届中央纪委二次全会上的讲话 [M]// 党的十八大以来中央纪委历次全会文件资料汇编. 北京：中国方正出版社，2023：7.

② 李景平，周海建. 廉洁文化建设应融入一体推进"三不"机制全过程 [J]. 廉政文化研究，2022，13（2）：10.

四、高校廉洁文化建设存在的主要问题

高校廉洁文化建设既是党开展自我革命必须长期坚持的一项政治任务，也是塑造良好校园文化推动校风学风建设的基础和保障，是大学高质量发展的内在动力，不断推动廉洁文化建设还是贯彻落实中共中央办公厅印发的《关于加强新时代廉洁文化建设的意见》的重要举措。但目前许多高校的廉洁文化建设工作还处于起步阶段，存在着这样那样的问题，即使是已经强调建设廉洁文化的高校，也面临着严峻的反腐败问题的挑战，在意识上、行动上也还有很多需要解决的问题。

这里仅结合调研和实际工作情况，对高校廉洁文化建设中存在的主要问题及形成问题的原因进行归纳分析。

（一）对廉洁文化建设的认识不够

高校廉洁文化建设属于意识形态范畴的思想文化，是廉政体系建设与大学文化建设相结合的产物，不应仅是纪检监察部门主抓的工作，而应该是党委领导、各部门协同、全体教职员都是建设者和参与者的工作，但当前对高校廉洁文化建设重要性、必要性的认识还存在一定的偏差。

一些高校的领导干部认为学校的主要考核指标是教学、科研、招生和就业，文化建设尤其是廉洁文化建设是软指标，是次要的，只要建立和公布一些制度，遇到情况惩治严明就行了，平时还是要以教学和科研为主，因此，虽然将"廉"纳入到相关考核和评价指标中，却没有实质性的考核内容。在贯彻落实上级要求的时候，主要是以方案落实文件、以会议落实精神，开展的各种宣传活动也很难调动师生员工的积极性。甚至有时候会出现"被摊派式参与"的现象，更加影响了师生员工参与廉洁文化建设的热情和主动性。

一部分教师认为腐败是领导的事情，教师和学生不是行使公权力的人，没有贪腐的机会；高校也有别于政府机关、企业，权力寻租的空间也小，不是腐败问题易发、多发之地，而且学校的考核指标中，也难以界定教师的不廉洁行为是什么，至于思想政治教育工作，都推给思政课教师就好了。因此，常以教学负担重、管理学生忙为理由，主要在教学、科研上下功夫，对廉洁教育关注

少，存在思想上放松和行为上忽视的问题。而对于思政课老师来说，目前的五门思政课中没有专章讲廉政问题或者廉洁教育的，因此通常就只能将廉洁问题融入相应的章节中去，没有系统的设计和规划，教学成果主要看教师的科研方向关注到这个领域没有，教学的效果并不明显，也很少有与校内其他部门相协同开展活动的机会。

对于大部分大学生来说，认识上更是不够。因为学生会认为贪污腐败跟自己根本沾不上边，自己只是一名学生，没有贪腐的机会，而且学生获得有关贪腐案例的信息也不多，对一些报道、活动只是从旁观者、评论者的角度去对待。

上述认识上的不足，直接导致高校廉洁文化没有形成长效机制，没有结合各自学校的办学特色形成文化体系，校内、校外各部门之间的协同一体联动也没有形成，各成员主动参与、争作贡献的氛围和风气也没有建立，造成廉洁文化建设成了纪检监察部门、团委、宣传部等个别部门的工作，其他部门和成员是"被动执行者"的局面。

（二）对廉洁文化建设的发展规划不够

从前文分析的高校廉洁文化建设的重要性可以知晓，高校要以廉洁文化建设推动廉政体系建设、推动校园文化建设并非一日之功，需要顶层设计、需要统筹发展、需要不断用力。

从建设的规划来说，要将廉洁文化建设纳入学校党建目标之一，并作为校党委亲自主抓的内容。要设计出廉洁文化发展的五年、十年规划，组织凝练廉洁文化的核心理念，规划到学生的培养计划中，建立相关的研究中心，开展相应的学术研讨或经验交流等，并与学校的学科建设相结合，如有的高校开设了纪检监察学院、开设了廉洁教育课程等。

从廉洁教育的内容设计来说，要注意教育对象的特点分类施教。比如对党员领导干部的教育除了以普遍性的培训和讲座为主，还要针对重点岗位和关键领域开展针对性教育，对从事招生、人事、采购、财务等关键工作的人员要经常"咬耳扯袖"，使其时刻保持"心存戒惧"的状态，不能放松对自己的要求。对教师的教育，除了使教师在教学过程中注重对学生正确价值观的引领，还要针对思政课教师进行一些训练，指导教师设计一些专题环节对学生的廉洁价值判断进行引导。另外，要针对高校中出现的贪腐现象进行以案说法的警示教育，对教师违反师德师风的现象能公开的要进行说明，从而提升教师的廉洁意识。对学生开展廉洁教育可以成为高校廉洁文化建设的一个特色做法（本章专设一节谈大学生的廉洁教育），除了要在各种理论课教学中对学生进行"课程思政"教育，还要通过创设各种活动来提升学生的廉洁意识，给学生创造机会参与廉洁活动及宣传推广，使其成为新时代廉洁宣传的积极践行者和主动参与者。

（三）对廉洁文化建设的宣传推广不够

随着现代信息技术的发展，廉洁文化建设会有越来越多可以利用的宣传推广途径和平台，然而并不是每所高校都重视这一工作，也不是每所高校都充分整合了这些资源，因此在推进新时代廉洁文化建设方面的效果就不明显。

首先，表现在对廉洁知识的宣传教育形式比较单一。常见的有学文件、写感受、看视频、搞座谈，好一点的还有搞一些书画展或者是知识竞赛的，这些形式还是显得比较传统、单一，受益面、参与率也不高，尤其对大学生的吸引力不够。其次，教育宣传内容简单化、形式化。一方面是为落实文件而搞宣传学习，主要是复制粘贴或转发文件内容；另一方面是对宣传内容的理解不够，有的部门干脆找老师或学生在会议上每人读几段就结束学习，表面上是有参与，但是对文件内容的深度学习解读明显不够，形式化问题比较严重。还有一些学校把廉洁文化建设变成了挂横幅、文艺演出、书画展，没有针对高校廉洁文化建设存在的现实问题来开展，使宣传学习的内容缺少知识性和趣味性，降低了廉洁文化的影响力和感染力，难以推动大学生形成廉洁文化的行动自觉。还有一些高校纪检监察部门积极参与廉洁文化的宣传活动，也主动组织一些活动，但总是囿于案件的保密性，不能创新性地对廉洁知识和内容进行整理和设计，加之宣传不到位、方法不合适，反而不同程度地削弱了反腐败的震慑力。

（四）廉洁文化建设的制度体系不健全

在高校中，廉洁文化是校园文化的重要组成部分，与廉洁文化有关的制度建设可以为其发展提供支撑，同时廉洁文化还可以为学校的制度体系建设提供内容。

首先，由于个别高校对廉洁文化建设的重视程度不够，使相关的规章制度相对滞后，跟不上新时代发展的要求，难以满足教职员工多样化的需要，难以保证党和国家政策的准确全面落实到位。其次，有一些规章制度出台后形同虚设，执行的力度不够，监管不严，对教职员工行为的约束力不够，大家对纪检监察工作的关注度也不高，廉洁教育工作达不到效果。再次，一些重要的廉洁文化建设制度难以得到彻底实施和落地，如一些高校纪检监察部门梳理了廉洁风险点，设计了风险防控流程，制定了相关的违纪违法处罚制度，但是因为宣传落实不够，缺少配套的廉政文化建设保证机制，监督手段方式落后、不到位，使制度不能真正落实。最后，很多高校还没有构建起"纵向有领导、横向有沟通"的廉洁文化建设体系，对于常规性工作没有形成长期性、整体性机制，缺乏长期、周密的规划，多数高校虽明确了一把手为廉政建设总负责人，纪检监察部门负专责，但实际上很多纪检监察部门在唱独角戏，其他部门作用发挥有限，组织协调不顺畅。

第二节　大学生的廉洁教育

青少年是祖国的未来，民族的希望，"青年兴则国家兴，青年强则国家强。青年一代有理想、有本领、有担当，国家就有前途，民族就有希望"[1]。青少年正处于人生的"拔节孕穗期"，这一时期心智逐渐健全，思维进入最活跃状态，最需要精心引导和栽培，尤其是针对大学生开展的廉洁教育，会教给他们正确的思想，引导他们走正路，为其心灵埋下真善美的种子，扣好人生的第一粒扣子。因此，高校开展廉洁文化建设，离不开廉洁教育工作，包括对教职员工和学生群体都在内。由于高校承担着教书育人的使命，需要为未来的接班人扣好廉洁的风纪扣、埋下崇尚廉洁的种子，所以对大学生开展廉洁教育就显得尤为重要，这不仅在思想政治教育领域具有创新意义，对推动廉政体系建设起到文化促进作用，也会在高校文化建设领域形成一道独特的风景线。

① 中共中央党史和文献研究院. 十九大以来重要文献选编［M］. 北京：中央文献出版社，2019：49.

一、廉洁教育的内涵

廉洁教育属于思想政治教育范畴，按照教育对象的不同，可以分为五类，第一类为国家公职人员，即供职于国家各级党政机关、国有企事业单位、人民团体等单位的工作人员；第二类为从事影响公众利益的特殊职业的人群，如新闻工作者等；第三类为普通社会公民；第四类为学生，包括从幼儿园到博士的各级各类学生群体；第五类为急需教育的人群，主要是指违法乱纪者，特别是因贪污腐败而犯罪的群体。

所谓廉洁教育，就是各级各类教育工作者运用各种教育方法和手段对公民所进行的有关廉洁知识方面的教育，从而营造出廉洁奉公、诚信守法的社会氛围，最后达到对人的行为进行规范和约束的目的，以建设良好的政治生态。

从上述的描述性概念中可以了解到关于廉洁教育的几个重要组成要素，分别是：廉洁教育的主体——各级各类教育工作者；廉洁教育的客体——接受廉洁教育的公民，这是广义的概念，可以涵盖各种人群；廉洁教育的具体内容——是与廉洁相关的思想理论和所有的社会实践活动；廉洁教育的目的——提升公民的廉洁品质和廉洁意识，实现对人行为的规范和约束，使廉洁认知、廉洁情感、廉洁意志和廉洁行为得以提升；廉洁教育要培养的人的品质——崇德向善、正直节俭、诚实守信。本节的主要研究对象是大学生。

二、大学生廉洁教育的内涵

在教育部2007年出台的《教育部关于在大中小学全面开展廉洁教育的意见》中对大学生廉洁教育的基本含义做了阐述，结合实际，笔者认为，大学生的廉洁教育主要是指教育工作者对教育对象施加的以社会主义核心价值观为指导、以廉洁文化相关思想理论和实践活动为主要内容的，有目的、有计划、有组织的教育活动，从而引导其在廉洁品质和廉洁意识方面有所提升，形成以崇德向善、正直节俭、诚实守信为基本特征的廉洁品质，不断提升廉洁认知、廉洁情感、廉洁意志和廉洁行为的一种教育实践活动。

由于大学生成长的规律及高校教育教学的特点，尤其是新时代高校所承担

的历史使命，使大学生廉洁教育的内涵更具有时代性和紧迫性。新时代大学生的廉洁教育是指承担教育义务的相关部门及教师运用教育学的基本规律及现代教育的各种方式方法，结合大学生的学习特点及行为规律实施的以提升其廉洁意识和廉洁品格为主要特征的教育行为，意在引导大学生树立正确的世界观、人生观和价值观，提升拒腐防变的心理意识，形成廉洁自律的心理品质，能正确识别各种廉洁失范行为，强化反腐能力，为走向未来工作岗位服务人民扣好人生的第一粒扣子。这个概念既指出了大学生廉洁教育的主体、客体，也指出了其教育方法和最终目标。

廉洁教育可以理解为廉洁思想传播的过程，因此，教师及教育管理者自然成为传播的主体，学生成为教育的客体，廉洁意识、廉洁知识等自然成为廉洁教育传播的主要内容。随着时代的发展，可选择的传播方式、途径越来越多，课堂教学、实践活动等传播渠道自然会出现创新发展。

新时代，要加强执政党建设，提升长期执政能力，必然要求社会整体素质都有所提升，人人都具有高尚的情操、正确的世界观和价值观。要实现全心全意为人民服务的根本宗旨，不仅要将人民的利益放在第一位，更需要大家具有廉洁自律的品质。因此，提升廉洁教育的地位和社会认可度，提升教育效果是对反腐败事业的高瞻远瞩之举，势在必行。大学生在走出校门之前不仅要有扎实的专业知识和技能，还要在诚信、廉洁方面作出承诺，并使这种认同内化为今后行动的重要动力，从而更好地承担起时代重任，因此，针对大学生的廉洁教育就更显重要。

三、大学生不廉洁行为的主要表现

受社会上存在的一些贪腐现象和个别高校领导干部贪腐负面效应等因素的影响，大学生群体中也呈现出各式各样的腐败端倪，甚至从"模拟腐败"发展到了"真实腐败"。如家长为孩子能拿到奖学金、能分个好宿舍、能当上学生会干部等目的来学校与相关人员接触，请吃饭、馈赠礼物或家乡特产，节假日"隔空送礼"等，让孩子间接参与或孩子就在现场直接参与，这样会对学生的价值观产生负面影响，并学会如何腐败，也通过事件过程看清了受贿者的不雅，严重影响了教师的形象。再如学生群体中的不廉洁行为：为了获得当上学生会干部、班干部的选票请同学吃饭、给老师送东西、拉帮结伙；通过搞关系、走后门、找靠山等方式让任课老师给期末划题、试卷判高分，或者取得评奖学金、当上入党积极分子、保研等机会。另外还有考试作弊、学术不端、奢侈消费、行贿老师、假冒贫困生、迟到旷课、故意拖欠助学贷款、不讲诚信找人代考、代上课、代打卡等现象，等等，特别是学生干部还存在高校学生组织官场化、挪用班团活动经费等腐败行为。

由于大学生自身廉洁意识不足、自律能力不强，不诚信的行为时常出现，如果这些行为恶性发展将会在大学生步入社会岗位前埋下贪腐隐患。因此，高校必须将廉洁教育作为思想政治教育、德育培养的重中之重，以思想反腐为根本，筑牢大学生抵御风险诱惑、防止腐化堕落的思想道德防线。

四、新时代大学生廉洁教育存在的主要问题及原因

（一）大学生廉洁教育内涵的片面化

廉洁的基本内涵应该包括两方面：一是从物质的层面看，廉洁指的是个人在日常生活中对物质或社会共同资源的使用上所秉持的态度，所坚守的行为准则，所养成的行为习惯。如勤俭节约，不挥霍浪费，不奢侈无度，不追求奢华。二是从精神的层面看，廉洁指的是在对待物质的原则、态度和习惯上所体现的精神品格和价值追求。如不贪图名利、不收受贿赂、清正廉洁的人格追求；自尊、自强、自立、自律的人格品质。大学生廉洁教育不仅包含物质层面，而且包含精神层面，更重要的是精神层面的教育，是人格伦理、人格品质、人格追求的教育。

在具体实践中，大学生廉洁教育往往只重视物质层面的教育，教育学生节水、节电，节约粮食，但在精神层面的引领非常欠缺。大学生廉洁教育应该有更高层面的精神引领和价值追求，应该把廉洁教育与人格培养结合起来，与未来职业生涯中所需要的清正廉洁的品格结合起来，与新时代构建公正、和谐、清廉的社会氛围结合起来，从培养大学生的廉洁行为入手，循序渐进地升华为廉洁意识的培养、品格的塑造、自律精神的养成，使他们能够明辨是非善恶美丑，自觉抵制各种消极腐败现象；在未来的职业生涯中能够抵御各种奢侈腐败

现象的诱惑，自觉维护社会的公平与正义，成为新时代社会主义现代化国家忠诚的建设者和接班人。可见，大学生廉洁教育是一种情怀、一种精神、一种责任与担当，包括大学生廉洁修身的思想观念、行为方式、价值取向等方面的内容，是集思想教育、行为教育和价值观教育于一体的综合性教育，而不仅仅是简单的知识传播或行为养成教育。

（二）大学生廉洁教育目标的模糊化

在高等教育大众化的今天，从高等学校培养出来的大学生将成为社会各行业、各领域的中坚力量，都将成为实现中华民族伟大复兴中国梦的实践者和见证者，他们身上承载着国家的希望、民族的未来。时代发展要求大学生不仅有丰富的专业知识、强大的专业能力，还要有开拓创新、廉洁自律、无私奉献的职业品格和担当精神。因此，高等学校的人才培养目标中应当包括廉洁教育。

《教育部关于在大中小学全面开展廉洁教育的意见》中明确规定大学阶段廉洁教育的目标"引导大学生树立报效祖国、服务人民的观念，不断提升大学生的道德自律意识，增强拒腐防变的良好心理品质，逐步形成廉洁自律、爱岗敬业的职业观念。"①大学生廉洁教育的核心是通过教育的力量规范大学生的行为，培养大学生廉洁自律的思想意识和价值观念，养成诚实守信、公正无私的品格，自觉抵制各种腐朽思想的侵蚀和影响，成为新时代有理想、有担当、有责任的时代新人。通过对大学生开展有目的、有计划、有组织的廉洁教育活动，把大学生的廉洁教育与国家的廉政建设结合起来，让学生真正意识到廉洁教育的重要性，不断提高大学生的廉洁自律意识，养成清正廉洁、公正无私的良好品格。

目前，尽管各高等学校都不同程度地开展了大学生廉洁教育，但这种教育主要是融合在大学生思想政治教育之中，融合在大学生校园文化活动之中，没有把大学生廉洁教育单独列出来，也没有明确的教育目标。一些高等学校没有从科学性、实效性的角度出发制定契合大学生廉洁教育实际需要的人才培养目标规划；没有制定适合不同个性成长需要、不同人生发展目标需要的大学生廉洁教育规划；没有构建强有力的监督过程、考核结果、评价效果体制和机制；

---

① 关于在大中小学全面开展廉洁教育的意见［EB/OL］．中华人民共和国教育部网站，（2007-03-17）［2023-08-15］．http://www.moe.gov.cn/s78/A12/s8352/moe_1421/201006/t20100602_88582.html.

没有让廉洁教育工作形成一个完整的闭环系统。

（三）大学生廉洁教育内容的碎片化

大学生廉洁教育内容分散在思政课教学中，分散在校园文化活动中，没有形成完整规范的教育内容体系。

从学科独立性的角度看，大学生廉洁教育不是一门独立的学科，而是融合在高校思想政治教育中，是高校思想政治教育的重要组成部分。高校思想政治教育的载体和途径呈多元化、多样化的态势，思政课是高校思想政治教育的主渠道、主阵地。在其五门课程的具体教学实践中，需要教师结合社会现实、教材、学生的思想实际，总结、归纳、整理大学生廉洁教育的内容，并贯穿到具体的课堂教学实践过程中。思政课每门课程的内容不同、教学目标要求不同、教师总结归纳的廉洁教育内容也不同。丰富多彩的校园文化活动也承载着多样化的廉洁教育内容。如每年由校团委牵头组织的大学生校园"光盘行动"。有关部门也会把廉洁教育与廉政建设结合起来，在大学生中开设党课。不同的课程、不同的老师、不同的角度，呈现在学生面前的廉洁教育内容就显得零乱、繁杂，不系统。

从大学生获取廉洁教育内容的途径看，大学生了解廉洁教育内容的渠道也是多元化，多样化的。既有现实世界的教育渠道，如思政课的课堂教学，课程思政的专业课教学等；又有虚拟世界的互联网媒体信息传播。不同途径获取的廉洁教育内容，很难在大学生的头脑中被归纳整理成系统化的知识体系。这些不完善的知识在大学生的知识体系中只能处于边缘、散乱的状态，不能成为引领大学生自身全面发展的完整的知识体系。

（四）大学生廉洁教育方法的简单化

现阶段，大学生廉洁教育的方法更多的还是采用传统的教育方法，如思政课课堂的理论灌输、党课的集中培训、校园主题文化活动、展板海报的宣传等。这些方法看似多样，但它们的共同特点是受教育者只能单向地接受理论灌输，没有发挥学生的主体作用，没有调动参与的积极性，学生只是被动地接受。这种传统的理论灌输耗时长，重形式、轻实效。长此以往，极容易导致学生的厌烦情绪、厌学心理，弱化了廉洁教育的效果。

大学生廉洁教育方法的信息化不足。随着时代的变迁，一些传统的教育方法逐步显现老化状态，已经无法满足新时代大学生的需要，导致大学生廉洁教育方法不够多元、多彩。信息时代互联网技术迅速发展，为传统教育注入新的生机和活力。大学生廉洁教育可以以互联网技术为依托，采用更加灵活多样的教育方法，既满足大学生受教育的需要，又契合新时代互联网技术的发展趋势。

（五）开展廉洁教育的教师数量严重不足

这里的教师是广义的含义，在高校中，既包括专任教师，又包括组织部、团委、学生工作部、纪检监察部门等的教师。教师是组织开展廉洁教育工作的主体，教师队伍的教学质量高低直接影响到廉洁教育的效果，教师的品德修养、治学态度、敬业精神、教学水平等，都会通过教师的言传身教对学生产生直接的影响。目前，高校中从事大学生廉洁教育的教师主要由"两课"教师、辅导员、团委书记等担任。由于这些教师的专业背景、学科背景各不相同，教学经验也有一定的差距，没有从事大学生廉洁教育理论与实践的专门研究，在教学过程中只是结合本专业知识，触类旁通地讲授一些与大学生廉洁教育有关的内容，或者仅限于传达上级的文件精神，或组织开展以廉洁教育为主题的校园文化活动。教师通过传统的教学活动和校园文化活动很难把廉洁教育的精髓和核心内容传授给学生。纪检监察部门的相关宣传教育活动也需要依托这些教师才能传递给学生，因此显得这支队伍数量明显不足。

（六）大学生廉洁教育考核评价的模糊化

从教育环节看，大学生廉洁教育应当包括：确定教育目标、制定教育计划、实施教育过程、考核评价教育效果，通过这四个环节的有效衔接形成一个完整的教育闭环系统。考核评价教育效果是这个闭环系统中必不可少的环节，但却是经常被忽略的环节。从目前高校廉政体系的建设来看，廉洁教育只是一个项目，而考核评价是项目中的一个环节，比如跟踪学生毕业后的岗位表现，需要十年或者更长的时间，因此，一些学校干脆就不考虑评价问题了，而只把廉洁教育作为一个短期活动和项目式的工作来看待。但是考核评价、跟踪反馈的环节对观察教育效果、改进教育规范性有着重要的衡量作用。由于考核评价的模糊化而导致失效，确实应该引起相关部门的注意。

五、提升大学生廉洁教育效果的对策

（一）完善和创新廉洁教育相关制度

"没有规矩，不成方圆"。规矩就是法律法规、规章制度，就是我们在现实中应该遵守的行为准则。大学生廉洁教育是一项需要高校各方面、各部门相互配合、相互协作、共同努力完成的复杂任务，要保证这项任务的顺利完成，离不开科学、完善的制度建设。只有从学校廉政制度体系建设的高度，从制度的制定、宣传、实施等环节入手进行建设，才能保证制度被人们理解、认同，并转化为自觉遵守和执行的实际行动，才能增强制度的话语权、影响力和震慑力。

完善和创新大学生廉洁教育制度可以包括以下内容。

1. 廉洁教育的规划制度

目前可以查到的关于高校开展廉洁教育的相关制度和规划文件主要是2007年3月教育部印发的《教育部关于在大中小学全面开展廉洁教育的意见》、2008年由中共中央纪委、教育部、监察部颁布的《关于加强高等学校反腐倡廉建设的意见》。2022年颁布了《关于新时代廉洁文化建设的意见》，但不是专门针对高校廉洁文化建设的，因此，需要结合新时代大学生的特点和当前党风廉政建设的新特点进一步完善和细化《关于新时人工廉洁文化建设的意见》，针对大学生廉洁行为失范的具体表现，明确提出大学生廉洁教育的目标、具体规划、实施方案，使大学生廉洁教育工作更加有章可循，有法可依。

2. 廉洁教育的具体内容和方法的制度

新时代的大学生是网络的主力军，对他们开展廉洁教育必须充分运用新媒体、新技术，但是应该如何合理应用网络并产生对学生廉洁意识形成正向引导效应，确实需要相关的制度设计。新时代，在开展党风廉政建设和反腐败的大环境下，高校的廉洁教育如何与大环境相融合，如何为党的建设培养更多合格的后备人才，这些人才需要具有哪些特质，这些都可以通过设计廉洁教育的相关内容及进行教育方式方法创新进行提前准备。

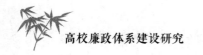

3. 廉洁教育的考核评价制度

对新时代大学生开展廉洁教育不仅仅是高校的工作，更应该成为一项社会系统工作，其中既要有教师和学生，又要有家庭和社会各界的关注，教师和学生是教和学的主体，家庭和社会是重要的影响和引导因素。对大学生的廉洁教育效果需要有一定的考核评价制度作为监督和保障。

在学校里的考核评价可以通过学生的学时、学分、思想政治表现等考核角度来实现，在家庭和社会中的考核则可以通过学生的社会责任感、家庭责任感、政治责任感等指标的贯彻来进行。当学生步入工作岗位，还可以通过个人的政治立场、政治观点、政治引领、岗位职责履行情况等指标进行考核。通过各种考核反馈出高校廉洁教育的效果，形成一定的对策建议再返给相关的教育主体，以利于下一步继续改进教育，调整相关的规划和教育方法。

（二）推动廉洁教育规章制度贯彻落实

廉政建设和廉洁教育规章制度的制定只是制度建设的开始，高校还要通过思政课、党课、共青团活动等途径，采用线上、线下等多媒体手段，开展课堂教学、专题讲座、知识竞赛、微视频拍摄等活动，广泛宣传新时代廉洁教育的重要性，对师生员工讲清楚大学生廉洁教育的目的和意义、主要内容、理论渊源，让各种制度易于接受并能快速深入人心，真正做到入脑、入心，转化为大学生的自觉行动。高校要充分发挥党员领导干部的先锋模范作用，用榜样的力量引领推动制度的贯彻落实。要明确监督执行的职能分工，加强制度执行的监督，强化制度的执行，切实把廉洁教育的制度优势转化为教育实效。

（三）健全大学生廉洁教育的领导体系和工作体系

组织机构建设是大学生廉洁教育的组织保障。大学生廉洁教育的组织是指由高校党委牵头，各相关部门具体负责，全体教师、学生共同参与的自上而下组织起来的分工明确、相互配合、相互协作、共同参与的组织机构。在高校中，大学生廉洁教育能否顺利开展，关键取决于领导是否重视，是否建立合理完善、高效务实的组织机构。

落实大学生廉洁教育的领导主体责任。主体责任是一种政治责任：党委成员尤其是主要领导要胸怀全局，高瞻远瞩，从政治的高度认识开展大学生廉洁教育的意义。主体责任是全面责任：党委必须全过程参与到大学生廉洁教育中，做到全面负责、全程参与，党委既是领导主体、落实主体，又是工作主体、推进主体；要建立党委统一领导的各级党组织层层负责的大学生廉洁教育领导体系。大学生廉洁教育是一项复杂的思想政治教育工作，涉及的部门广，需要的人员多，实施的周期长。只有坚持党的领导，发挥党委的领导核心作用，才能保证大学生廉洁教育的正确方向。只有发挥基层党组织的战斗堡垒作用，才能为大学生廉洁教育奠定坚实的组织基础。

要建立党委领导下校长负责制的大学生廉洁教育工作体系。大学生廉洁教育的具体开展，要以校长负责制为主导，明确各职能部门的职责与任务，充分调动各部门的积极性、主动性，发挥其工作优势，形成以党委工作部、团委、学生处、马克思主义学院等思想政治教育工作机构的分工负责、协调配合为支撑，以全体教职员工共同承担和全体大学生共同参与为基础的工作体系，把廉洁教育与思政课教学、理论研究和服务社会有机结合起来，充分调动各种资源投入到大学生廉洁教育工作中、把大学生廉洁教育融入思想政治教育的全局中进行规划，把大学生廉洁教育作为校园文化建设和廉政体系建设的重要组成部分统筹规划。形成部门各负其责、齐抓共管的强大合力，形成工作有部署、有落实、有检查、有评估反馈的闭环运行，实现纵向垂直领导与横向相互配合的融合，显性领导与隐性引导的融合。党委首先要抓好自上而下的纵向垂直领导，使廉洁教育的思想理论得到一以贯之的执行，确保廉洁教育的统一性、方向性和连续性。同时，还要做好平行部门的沟通、协调、配合工作，结合廉洁教育的特点和实际情况有的放矢地开展工作，提高廉洁教育的针对性、实效性、吸引力和感染力。

（四）创新廉洁教育的方式方法

新时代大学生都受到良好的教育，他们多才多艺、思想活跃，愿意接受新事物、新思想。大学生廉洁教育方式可以在传统教育方式的基础上进行改革、创新，吸纳更多大学生主动参与其中，丰富廉洁教育的形式。如大学生自编自导的情景剧、推送微信公众号、制作的微视频等，这些大学生喜闻乐见的教育形式，既能调动他们受教育的积极性，又能发挥他们的才能和优势，展示他们的创意，变被动为主动，变显性教育为隐性教育。

新媒体技术的迅速发展迫切要求改进和完善大学生廉洁教育领导方式。高校领导应该站在时代发展的前沿进行领导方式方法创新的顶层设计，充分利用现代化的媒体技术和手段，把发文件、开会等传统的、显性的领导方法与新媒体的高效性、便利性及隐性引导效应有机地融合起来，在提高政治引领的保障性和方向性的同时，切实增强廉洁教育的效果。

第三节　高校廉洁文化建设的优化对策

作为培养高级人才的高校，频频曝出腐败问题很是令人痛心、让人担忧。从犯罪事实上看，这些腐败的危害丝毫不比党政机关小，如果说党政机关的腐败直接损害的是"政统"，司法机关腐败直接损害的是"法统"，那么高校腐败则直接损害"道统"，除了"误事"，还会"误人"，影响到下一代甚至下几代的成长，因此，必须把开展高校的廉洁教育、构建廉洁文化体系作为一项重要的工作抓起来，针对当前廉洁文化建设方面存在的问题，不断优化措施，提升建设效果，以此进一步推进廉政体系建设、推动党风廉政建设和反腐败斗争在高校取得更多成效。

一、与廉政体系建设统筹规划，强化过程管理

（一）加强与廉政体系建设的统筹规划

高校廉洁文化体系建设不是一个部门的工作，也不是一日之功，而是要举全校之力来做，因此，要明确责任抓落实，按照"能落实、好检验、有效果"的原则，由党委统筹进行规划设计，针对不同岗位、不同对象设计工作责任制，制定责任清单，进行"清单式管理""项目化推进"，一层一层压责任抓落实，将廉洁文化纳入廉政体系建设和校园文化建设的大局中，融入管党治党、办学治校、立德树人的全过程中。

高校党委在高校廉洁文化建设中承担主体责任，要给予廉洁文化建设工作大力支持，发挥好领导核心作用。将廉洁文化纳入学校文化建设的总体布局

中，要注意把握好文化育人的特征和着力点，既不偏离廉政建设的主题，又不脱离文化教育的载体，推动"廉洁"与"文化"有机融合。

高校纪检监察部门要协助党委做好廉洁文化建设组织协调工作，发挥好监督责任，以及在组织谋划、责任分解、整合力量、督促落实方面的职能作用。认真做好职责范围内的各项事宜，以违纪违法案件、协调反腐败工作监督检查等为基础，总结经验教训，形成可以开展廉洁教育的生动案例或教学资源，以增强廉洁教育的真实性、生动性。可以成立以纪检部门为主的反腐倡廉教育协调小组，全面规划、检查督促、指导廉洁文化建设工作。工作实践中要做到引导不包办、协调不松懈、参与不越位，注重调动纪委委员和基层纪检员的工作积极性。同时纪检干部还要注重加强自身建设，懂得打铁还需自身硬的道理，提高组织协调和专业能力，共同推动廉政体系建设。

（二）强化过程管理和结果跟踪

除了有规划，还要注重工作环节的衔接和工作成效的跟踪反馈。既然要做，就要落地有声，针对廉洁文化建设的规划、过程、结果都要制定相应的制度，并通过考核评价、跟踪反馈、监督执纪问责等环节落实制度，不能出现"说起来重要、抓起来次要、忙起来不要"的现象，做到越往基层走就越有落实、有成效。检验工作成效要与学校的廉政体系建设相联系，与推进"三不"机制相呼应，坚持"倡导廉洁、崇尚廉洁、促进廉洁、守护廉洁、筑牢廉洁底线"的思想原则，学校纪检监察部门要发挥好专业的职能作用，横向上协助好工作，纵向上履行好执行和监督责任，及时研究解决在廉政体系建设、廉洁文化建设等领域中出现的问题，动态跟进与考核跟踪，提出加强和改进的措施，切实当好廉洁文化建设的推动者和监督员，促进高校廉政体系建设在质量和水平上再上新台阶。

二、推动廉洁文化理论武装，筑牢思想防线

（一）推动廉洁教育相关研究机构的建设

高校要结合自身条件成立廉政建设研究中心等理论研究机构，推动开展廉

洁教育的相关理论研究。在当前推动"双一流"建设的发展趋势下，高校可以依据自身的学科优势、人才优势，整合政治、经济、人文、管理、法律等学科的研究资源，建立研究方向明确、研究内容清晰的廉政研究中心。在隶属关系上，可以隶属于马克思主义学院或者法学院、政治学院，也可以隶属于学校党委或纪委。其主要任务是参与廉洁教育的学科建设，负责廉洁教育课程的设计和规划，积极开展廉洁教育的相关理论研究，组织师生参观廉政建设教育基地，指导师生成立廉洁教育社团并开展各种实践活动，加强与外校相关部门的交流互鉴，同时可以将廉洁教育的相关经验推广到校外。一系列的理论研究工作，不仅为学校纪检监察部门提供理论咨询和决策服务工作，参与到学校的廉政体系建设工作中，还能发挥高校的教育资源优势，进行科普宣传、知识普及等工作，更可以发挥智库作用，进行资政研究并建言献策。

（二）强化理论学习，筑牢拒腐防变的思想防线

要结合各种主题教育契机，认真研究如何加强师生的理论学习力度，坚持始终用科学的理论武装头脑，用党的初心使命感召师生，以模范人物的行为引领方向，以党的优良传统塑造形象。通过理论学习，一方面提升党政领导干部的"政治三力"，提升抗拒金钱、利益诱惑的能力；另一方面则提升学生的理论武装水平，让广大师生厚植对中国共产党的信赖和热爱之情，厚植对中国特色社会主义的信心和共产主义的信念。通过这些教育和强化不断筑牢师生员工拒腐防变的思想根基，并能从学校建设的角度加强对纪检监察工作的监督，加强对廉洁知识的宣传，为营造良好的校园廉洁文化氛围而努力。

三、提升教师党性修养和师德水平，强化队伍建设

教师不仅是学生学习上的导师和引路人，也是人生成长道路上的明灯和指路人。教师政治素养和师德修养的高低，会直接影响大学生的道德认知。教师必须高度重视自身的师德师风建设，自觉抵制各种腐朽思想和不良行为的侵蚀和影响，做到为人师表、率先垂范，用言传身教，在潜移默化中教育学生，不断提高他们的理性思维能力，以及明辨是非、善恶、曲直的能力。

（一）提升教师党员的党性修养

高校各部门要经常组织党员认真学习党内各项法规制度，如《中国共产党章程》《中国共产党廉洁自律准则》《中国共产党纪律处分条例》等，不断提高教师党员的党性修养。教师党员必须认真学习党内法规制度的基本知识，领会其中蕴含的核心思想和价值理念，把各项法规制度内化于心、外化于行，成为各项法规制度忠实的执行者和坚定的捍卫者。

（二）提高教师队伍的廉洁意识和自律能力

教师通过参加廉洁教育培训会、座谈会、廉政建设典型经验交流会等形式，自觉学习马克思主义理论，学习习近平新时代中国特色社会主义思想，不断提高廉洁意识，筑牢思想道德防线，形成崇尚廉洁的道德情操。同时，要以身作则、爱岗敬业、公正廉洁、诚实守信，不以工作之便谋取私利，不以权力之机中饱私囊，做到防微杜渐，用良好的职业道德和高尚的师德师风影响和教育学生。

（三）提升教师队伍的理论素养

教师要适应不断变化的形势，及时有效地开展廉洁教育教学工作，必须拥有扎实的理论基础、较高的理论素养。因此，学校要经常组织教师参加廉洁教育专题培训，邀请廉洁教育的专家开展专题讲座和研讨，提供有关廉洁教育的案例材料，及时组织教师学习全面从严治党的相关政策要求，以提高教师的理论水平。同时，也可以组织教师深入基层、深入社会，开展社会调查和社会实践，开阔视野，丰富人生阅历，加深对廉洁内涵的理解，提高对拒腐防变重要性的认识，使实践认知能力得到进一步升华。

在教学工作中，教师要不断更新教育理念。要根据社会客观实际的需要，大学生成长规律的需要，用先进的教育理念指导教学工作。同时，要不断调整教学方法，针对教学过程中出现的问题，尝试用"案例式""融合式"的方法，提高课堂教学质量。教师只有具备扎实的理论功底，掌握较高的教学艺术，才能够成为受学生欢迎和尊重的合格教师。

（四）规范教师队伍的考核评价机制

现代学校管理制度体系的组成部分之一就是对教师的考核评价，这是学校管理工作中的常规性工作。对于承担大学生廉洁教育任务的教师进行考核评价可以使用定性化的考核指标体系，包括：师德修养的考评——秉持廉洁自律的精神，严格要求自己，公平公正地对待学生；学术修养的考评——实事求是、脚踏实地的治学风格，科学严谨的治学态度；敬业精神的考评——热爱教育事业，以真诚友善的态度对待学生，以严谨务实的精神对待教学。也可以成立由党委、纪委、教务处、学生会代表等共同组成考核评价小组，对教师的德、能、勤、绩、廉等方面进行综合考评。考评的结果要与奖惩制度挂钩，对优秀教师要给予表彰奖励，对不合格教师要有一定的批评问责。

四、创新廉洁文化建设的方式方法

（一）以教育组织者为主的教育方式方法

传统的教育方式方法仍应是廉洁文化建设可以使用的主要方法，包括讲授法、说服教育法、榜样示范法、警示教育法等，这些方法的共同特点都是通过教育者对教育内容、环节、形式等进行设计，在某些场地或场景下展开教育，从而达到对受教育者产生教育效果的过程。

一般来说，传统教育中的讲授法和说服教育法被采用得最多，也是最简洁易用的方法。该法是通过摆事实讲道理的方式，引导和启发受教育者真心诚意地认可或接受某种思想、观念，提高明辨真善美、假丑恶的能力，提高对反腐败斗争重要性的认识，提高认识问题、分析问题和解决问题的能力，从而指导行为实践。

还可以通过专题报告、小组讨论等方式围绕社会热点问题、某一个典型案例或者某一个政策措施及实施方式等展开研讨，组织受教育对象畅所欲言，在讨论和辩论中凝聚共识，形成对一些问题的正确认识。这种教育方式能够充分调动师生员工参与的积极性，激发他们主动思考问题的热情。教育者还可以用榜样示范法进行廉政教育，通过榜样人物高尚的品格、感人的事迹、模范的行动、卓越的成就来鼓舞人，把抽象的道德理论和道德规范具体化、形象化、人格化，以生动具体的典型形象影响人。

警示教育的本质是教育，在教育内容、方法、手段等方面需要做深入细致的研究，使这种特殊的教育方法能真正达到震慑、警醒、启示、教化目的。首先是案例的选择要具有警示意义，可以是其他高校发生的事情，也可以是本校发生的可以公开的案例，通过身边人身边事的教育，起到预防、警示、教育相结合的作用，达到以案为鉴、以案促改的目的。其次是警示教育的形式要做到多样化，如可以选择经典案例汇编成法治教育图书或者录制成纪录片，让观众了解案例的细节并能通过听忏悔录等形式产生威慑和震慑力，让清正廉洁的人更加坚定守法的自觉性，让有腐败倾向的人能够悬崖勒马、迷途知返，达到学法、懂法、守法、用法的不同层次教育效果。

情感陶冶法是教育者有目的地利用环境或情境，对受教育者施加情感上的压力，使其在耳濡目染、潜移默化中受到影响，心灵受到感化的一种教育方法。这种教育方法强调运用崇高的情感、美好的事物、优雅的环境感染和熏陶教育对象，使其在认识上和情感上逐步趋于完善。可以采用人格感化的方式：即教育者通过对受教育者真诚的关爱、悉心的照顾、精心的呵护，使受教育者在爱的情境中受到感化；或者是以教育者的人格魅力来触动、感化、熏陶大学生，使其在情感上、心理上发生一些积极的变化。人格感化是教育者用真诚的爱与人格魅力进行陶冶的方式，情境的设定是人格感化的关键。还可以是环境陶冶：即利用优美的校园环境、优良的校风、学风，以及和谐的班风、校园中承载着的学校历史、文化景观、凝聚着大学精神的校训等内容对大学生进行潜移默化的教育和影响，达到陶冶情操、净化心灵的目的。还可以是文艺熏陶的方式：即借助音乐、美术、文学、戏剧、电影、电视等艺术手段进行教育，如可以组织大学生举办以廉洁教育为主题的情景剧展演活动、诗歌朗诵活动，也可以让大学生利用APP或软件拍摄廉洁教育的微视频等。

（二）以受教育者为主的教育方式方法

切身体验法。大学生在寒暑假期间深入企业、社区等部门开展社会实践活动，开展社会廉洁状况调查和法律法规宣传，使自己有更多的机会认识社会、了解社会，明确不廉不洁行为的社会危害，明确自己的社会责任和家庭责任，

明确自己的努力方向，在社会实践中得到锻炼和成长，从而树立正确的人生观、价值观，养成良好的品格和行为习惯。

自我成长法。是指大学生在教育者的指导下，独立设计自己的人生成长道路和人生规划，使自己的思想和行为逐步朝着既定目标发展的教育方法。自我成长法可以采取自我学习、自我反思、自我批评和自我约束等形式，通过联系廉洁教育的学习和实践实现自我反省，达到自我培养、自我教育和自我提高的目的。

第七章　锻造纪检监察"铁军"
推动高校廉政体系建设

　　党的十八大以来，以习近平同志为核心的党中央不仅以踏石留印、抓铁有痕的韧劲和干劲惩治腐败，还十分重视党员队伍建设，尤其是对纪检监察干部队伍建设提出严格要求，给予极大信任，寄予极高期望。纪检监察干部是贯彻落实党风廉政建设和反腐败斗争任务的最基层执行者，这支队伍的能力素质高低将直接影响反腐败斗争的成效。对于高校的纪检监察工作来说，锻造一支忠诚干净担当、敢于斗争、善于斗争的纪检监察铁军也是推动廉政体系建设的重要内容。

第一节　高校纪检监察队伍建设的重要意义

　　新时代以来，在党中央、中央纪委的领导下，在各项方针政策的保障下，高校纪检监察队伍能够做到坚定立场、方向正确，认真履职尽责，不仅确保了大学的社会主义办学方向，确保了党中央的各项方针政策贯彻实施，还能为教育教学工作营造良好的运行环境，以"重拳""铁腕"与高校中存在的不良现象做斗争。但是，高校面临着反腐败斗争的新形势、出现的新情况新问题，仍要在不断斗争中增强斗争本领，在执纪中强化执纪能力，在自律中强化廉洁意识，在反腐败中增强队伍凝聚力，以队伍建设为牵动，推进廉政体系建设再出新成效。

一、加强高校纪检监察队伍建设是提升全面从严治党成效的题中应有之义

关于纪检监察机关在全面从严治党中的地位和作用，二十届中央纪委第二次全体会议公报中指出："纪检监察机关是推进全面从严治党的重要力量，使命光荣、责任重大，必须忠诚于党、勇挑重担，敢打硬仗、善于斗争，在攻坚战持久战中始终冲锋在最前面，"①这里的"重要力量""冲锋在最前面"是对纪检监察部门地位和作用的最明确要求，也是高校开展党风廉政建设工作的重要遵循。新时代纪检监察干部队伍要按照高质量发展的要求不断锤炼意志、提升素质、锻炼本领，因为这会直接决定纪检监察工作的效率和质量，更会影响到纪检监察作用有效发挥。

贯彻党中央全面从严治党的战略布局要求，必须有一支能执行党的决心和意志的队伍，必须有一支敢打胜仗、能打胜仗的队伍，因此，必须逐步打造一支政治坚定、公正清廉、纪律严明、业务精通、作风优良的干部队伍，才能打好反腐败的"组合拳"，才能一体推进高校廉政体系建设，才能更好实现全面从严治党的目标。

二、加强高校纪检监察队伍建设是持续开展反腐败斗争的必然要求

习近平总书记曾经多次强调党员干部要"对党忠诚、个人干净、敢于担当"，提出要培养造就的纪检监察干部队伍应是"具有铁一般信仰、铁一般信念、铁一般纪律、铁一般担当"的"铁军"。目的就是要通过过硬的队伍将党中央反腐败的决心和意志进行到底，驰而不息，久久为功。

为了使纪检监察干部队伍建设有标准、有依循，二十届中央纪委第二次全体会议公报中提出了打造"三支铁军"的明确要求：要"锻造堪当新时代新征

---

① 新华社. 中国共产党第二十届中央纪律检查委员会第二次全体会议公报（全文）[EB/OL]. 中华人民共和国中央人民政府，（2023-01-10）[2023-08-15]. https://www.gov.cn/xinwen/2023-01/10/content_5736150.htm.

程重任的高素质纪检监察干部队伍。强化政治建设,发挥中央纪委常委会表率作用,带动全系统做遵规守纪的模范,打造对党绝对忠诚的纪检监察铁军。强化能力建设,发扬斗争精神,坚定斗争意志,增强斗争本领,用好深学习、实调研、抓落实工作方法,打造敢于善于斗争的纪检监察铁军。强化廉政建设,把一体推进'三不腐'理念贯穿自身建设,对执纪违纪、执法违法现象零容忍,坚决清除害群之马,坚决防止'灯下黑',打造自身正自身硬的纪检监察铁军"①。对以上表述进行分析发现,第一点实际上是对纪检监察干部理想信念层次上的要求,第二点是对纪检监察干部要具有的斗争意志和斗争本领的要求,第三点是对纪检监察干部个人廉洁自律的要求。

"打铁必须自身硬",由于高等教育事业的发展,党风廉政建设和反腐败工作所涉及的领域越来越多、情况越来越复杂、案件的表现形式也越来越隐蔽,对于纪检监察部门来说,工作专业化的要求也越来越高,要保证纪检监察部门全面履行监督执纪问责,使纪检监察工作更好地为教育事业发展保驾护航,就要强化对自己的纪律约束,不仅要坚决查处纪检监察系统中存在的违纪违法行为,而且要不断纠正干部队伍中存在的"工作漂浮、口大气粗、衙门习气、特权思想"等现象,努力打造一支敢担当、能干事、有素质的纪检监察干部队伍。

三、加强高校纪检监察队伍建设是贯彻落实新时代以来中央纪委历次全会精神的具体举措

党的十八大以来的历次中央纪委全会都离不开对纪检监察干部及队伍建设的要求,下面是对相关内容的整理。

2013年初,十八届中央纪委第二次全会上,王岐山同志提出"用铁的纪律打造人民满意的纪检监察干部队伍"的要求,他指出,"纪检监察机关承担着维护党纪政纪、推进反腐败斗争的重要职责,必须以更高的标准、更严的纪律要求自己。中央要求全党做到的我们首先做到,中央明令禁止的我们坚决

---

① 新华社. 中国共产党第二十届中央纪律检查委员会第二次全体会议公报(全文)[EB/OL]. 中华人民共和国中央人民政府,(2023-01-10)[2023-08-15]. https://www.gov.cn/xinwen/2023-01/10/content_5736150.htm.

不做。"①

"信任不能代替监督。各级纪检监察机关要完善监督制约机制，严格执行各项纪律，自觉接受党组织、人民群众和新闻舆论的监督，建设一支忠诚可靠、服务人民、刚正不阿、秉公执纪的纪检监察干部队伍"②。

2014年1月，王岐山在十八届中央纪委第三次全会上强调，纪检监察干部"凡是要求别人做到的""自己必须首先做到"，以此来强化纪律约束，并要求通过"三转"明确职责定位，要"进一步增强责任感、使命感，求真务实、真抓实干。要坚定理想信念，加强党性锻炼，树立群众观点，做到忠诚可靠、服务人民、刚正不阿、秉公执纪。""对纪检监察干部要严格要求、严格监督、严格管理，对违纪违法行为零容忍。""要狠抓纪检监察机关领导班子和干部队伍建设……用铁的纪律打造过硬队伍"③。"广大纪检监察干部要求真务实、真抓实干、刚正不阿、铁面执纪，肩负起党风廉政建设和反腐败斗争的历史使命。"④

2014年10月，王岐山在十八届中纪委第四次全会上提出了"用铁的纪律建设全党信任、人民信赖的纪检监察干部队伍"的要求，并提出"广大纪检监察干部要心存敬畏和戒惧，做遵纪守法的表率，自觉维护和执行党的各项纪律。要强化自身监督，坚决查处纪检监察干部违纪违法案件，防止'灯下黑'，打造一支忠诚、干净、担当的纪检监察干部队伍。"⑤习近平总书记对各级纪检监察机关提出要求，"要聚焦党风廉政建设和反腐败斗争这个中心任务，强化监督执纪问责，深化转职能、转方式、转作风，更好履行党章赋予的职责。广大纪检监察干部要敢于担当、敢于监督、敢于负责，努力成为一支忠诚、干净、担当的纪检监察队伍。"⑥

① 王岐山. 深入学习贯彻党的十八大精神 努力开创党风廉政建设和反腐败斗争新局面［M］// 党的十八大以来中央纪委历次全会文件资料汇编. 北京：中国方正出版社，2023：21.

② 中国共产党第十八届中央纪律检查委员会第二次全体会议公报［M］// 党的十八大以来中央纪委历次全会文件资料汇编. 北京：中国方正出版社，2023：28.

③ 王岐山. 聚焦中心任务 创新体制机制 深入推进党风廉政建设和反腐败斗争［M］// 党的十八大以来中央纪委历次全会文件资料汇编. 北京：中国方正出版社，2023：54-55.

④ 中国共产党第十八届中央纪律检查委员会第三次全体会议公报［M］// 党的十八大以来中央纪委历次全会文件资料汇编. 北京：中国方正出版社，2023：62.

⑤ 王岐山. 在中国共产党第十八届中央纪律检查委员会第四次全体会议上的讲话［M］// 党的十八大以来中央纪委历次全会文件资料汇编. 北京：中国方正出版社，2023：79.

⑥ 习近平. 习近平在十八届中央纪委第五次全会上发表重要讲话强调 深化改革巩固成果积极拓展 不断把反腐败斗争引向深入［N］. 人民日报，2015-01-14.

2015年1月，王岐山在十八届中央纪委第五次会议上提出"落实监督责任，建设忠诚、干净、担当的纪检监察干部队伍"的要求，并指出"纪检监察干部是党的忠诚卫士，要忠于职守，秉公执纪。"①"要充分发挥纪检监察干部监督机构的作用，完善自我监督机制，健全内控措施，严肃查处跑风漏气、以案谋私行为，坚决防止'灯下黑'"②

习近平总书记在2016年十八届中央纪委六次全会上强调"纪委是党内监督的专门机关，是管党治党的重要力量。……要以更高的标准、更严的纪律要求纪检监察干部，保持队伍纯洁，努力建设一支忠诚、干净、担当的纪检监察队伍。"③王岐山对建设忠诚干净担当的纪检监察队伍指出："把政治强、作风硬、德才兼备、敢于担当的干部选拔进各级纪委领导班子。……纪检监察干部是党的干部队伍的重要组成部分。……纪委领导干部干事要担当，管人也要担当，对干部既要考验、锻炼、培养，又要言传、身教、严管，领好班子、带好队伍。……建设一支忠诚于党、让人民放心的纪检监察队伍。"④

2017年第十八届中央纪委第七次会议上，王岐山对省区市纪委领导班子提出要"统筹干部选拔、培养、交流、使用，在党的干部队伍中选拔优秀干部。严格选人用人标准，把政治过硬、忠诚干净担当的干部选出来，选优配强纪委领导班子。要把关心爱护干部和强化监督管理结合起来，表彰全国纪检监察系统先进集体和先进工作者，加大培训力度，不断提高思想政治工作水平和业务能力。改进干部考察评价工作，形成能者上、庸者下、劣者汰的用人导向。"⑤

第十八届中央纪律检查委员会向中国共产党第十九次全国代表大会的工作报告中提出要培养严实深细的作风，建设忠诚干净担当的队伍，要求提高政治觉悟，强化政治担当。领导干部的选拔则要坚持党管干部原则和好干部标准，

① 王岐山. 依法治国 依规治党 坚定不移推进党风廉政建设和反腐败斗争 [M]// 党的十八大以来中央纪委历次全会文件资料汇编. 北京：方正出版社，2023：111.

② 中国共产党第十八届中央纪律检查委员会第五次全体会议公报 [M]// 党的十八大以来中央纪委历次全会文件资料汇编. 北京：方正出版社，2023：121-122.

③ 习近平. 坚持全面从严治党依规治党 创新体制机制强化党内监督 [N]. 人民日报，2016-01-13.

④ 王岐山. 全面从严治党 把纪律挺在前面 忠诚履行党章赋予的神圣职责 [M]// 党的十八大以来中央纪委历次全会文件资料汇编. 北京：方正出版社，2023：157-159.

⑤ 王岐山. 推动全面从严治党向纵深发展 以优异成绩迎接党的十九大召开 [M]// 党的十八大以来中央纪委历次全会文件资料汇编. 北京：中国方正出版社，2023：205.

做到"对党忠诚、德才兼备",建立忠诚于党的事业的干部队伍。

2018年,习近平总书记在十九届中央纪委二次全会上指出:"广大纪检监察干部要做到忠诚坚定、担当尽责、遵纪守法、清正廉洁,确保党和人民赋予的权力不被滥用、惩恶扬善的利剑永不蒙尘。"①赵乐际在会议上所做的工作报告中对加强纪检监察机关自身建设提出的要求是:"自觉忠诚于党,确保政治过硬""加强能力建设,确保本领高强""领班子带队伍,确保履职到位""敢担当善作为,确保作风优良""恪守清正廉洁,确保自身干净。"②

2019年,习近平总书记在十九届中央纪委三次全会上指出:"纪检监察机关是党和国家监督专责机关,要忠诚于党、忠于人民……建设忠诚干净担当的纪检监察铁军。广大纪检监察干部要经得起磨砺、顶得住压力、打得了硬仗。要发扬光荣传统,讲政治、练内功、提素质、强本领,成为立场坚定、意志坚定、行动坚决的表率。"③

2020年,习近平总书记在十九届中央纪委四次全会上提出"纪检监察机关要把维护制度权威、保障制度执行作为重要职责,带头加强党的政治建设,继承对党绝对忠诚的光荣传统,建设高素质专业化干部队伍,做忠诚干净担当、敢于善于斗争的战士"。④

2021年,习近平总书记在十九届中央纪委五次全会上提出"选优配强纪检监察干部队伍。纪检监察机关要接受最严格的约束和监督,加大严管严治、自我净化力度,针对自身权力运行机制和管理监督体系的薄弱环节,扎紧织密制度笼子,坚决防止'灯下黑',努力建设一支政治素质高、忠诚干净担当、专业化能力强、敢于善于斗争的纪检监察铁军。"⑤

① 习近平. 全面贯彻落实党的十九大精神,以永远在路上的执着把全面从严治党引向深入 [M] // 党的十八大以来中央纪委历次全会文件资料汇编. 北京:中国方正出版社,2023:266.
② 赵乐际. 以习近平新时代中国特色社会主义思想为指导 坚定不移落实党的十九大全面从严治党战略部署 [M] // 党的十八大以来中央纪委历次全会文件资料汇编. 北京:中国方正出版社,2021:293-295.
③ 习近平. 取得全面从严治党更大战略性成果 巩固发展反腐败斗争压倒性胜利 [M] // 党的十八大以来中央纪委历次全会文件资料汇编. 北京:中国方正出版社,2023:308-309.
④ 习近平. 一以贯之全面从严治党 强化对权力运行的制约和监督 为全面建成小康社会 决战脱贫攻坚提供坚强保障 [M] // 党的十八大以来中央纪委历次全会文件资料汇编. 北京:中国方正出版社,2023:363-364.
⑤ 习近平. 充分发挥全面从严治党引领保障作用 确保"十四五"使其目标任务落到实处 [M] // 党的十八大以来中央纪委历次全会文件资料汇编. 北京:中国方正出版社,2023:411.

2022年，习近平总书记在十九届中央纪委六次全会上指出："纪检监察机关和纪检监察干部要始终忠诚于党、忠诚于人民、忠诚于纪检监察事业，准确把握在党的自我革命中的职责任务，弘扬党百年奋斗形成的宝贵经验和优良作风，紧紧围绕党和国家工作大局发挥监督保障执行作用，更加有力有效推动党和国家战略部署目标任务落实。纪检监察队伍必须以更高的标准、更严的纪律要求自己，锤炼过硬的思想作风、能力素质，以党性立身做事，刚正不阿、秉公执纪、谨慎用权，不断提高自身免疫力，主动接受党内和社会各方面的监督，始终做党和人民的忠诚卫士。"①

2022年十九届中央纪律检查委员会向中国共产党第二十次全国代表大会的工作报告中对纪检监察干部提出："牢记打铁必须自身硬，做对党忠诚、为国奉献、为民造福的卫士"②的要求。

四、加强高校纪检监察队伍建设是高校廉政体系建设的重要内容之一

高校廉政体系建设的内容涵盖比较广，不仅包括廉政制度建设、文化建设、运行机制建设，还要有对这些内容的执行者——纪检监察干部及其队伍的建设，"推动新时代纪检监察工作高质量发展，离不开高素质专业化的纪检监察干部队伍。"③。由于高校承担的特殊的立德树人使命，使高校廉政体系建设显得尤为重要，因为好的廉政体系关乎校园的风清气正、关乎校园清清朗朗的学术科研环境，而纪检监察干部素质高低及干部队伍建设水平高低直接决定着高校廉政体系建设的成效，决定着高校纪检监察部门能否推动党中央的决策走深、走远、走实。

从人力资源管理的角度来说，人员及队伍建设包括人员的选、用、育、激、留等环节，每个环节都有很多细致的工作可做，但对于纪检监察干部的选拔任用，前提条件就是要把政治标准放在首位，即要求必须对党绝对忠诚、对

① 习近平. 坚持严的主基调不动摇 坚持不懈把全面从严治党向纵深推进 [M] // 党的十八大以来中央纪委历次全会文件资料汇编. 北京：中国方正出版社，2023：454-455.
② 十九届中央纪律检查委员会向中国共产党第二十次全国代表大会的工作报告 [M] // 党的十八大以来中央纪委历次全会文件资料汇编. 北京：中国方正出版社，2023：528.
③ 窦克林，许莹莹. 建设忠诚干净担当的纪检监察队伍 [J]. 中国纪检监察，2022（20）：55.

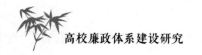

纪检监察工作绝对热爱、对共产主义理想绝对坚信，这样才能保证方向明、意志坚、自身硬、素质高。

从频频曝出的高校在干部选拔使用、人事管理、资金管理与使用、基本建设、资产管理与招投标、校办产业、后勤管理与服务、医疗管理与服务、招生就业、学术诚信等领域的腐败问题情况来看，"丧失理想信念，背弃职责使命"几乎都是官员落马的首要原因，作为执法者犯法，会严重影响公众对于党员的信任、对党的信任，进而影响党组织的威信和形象，因此从高校廉政体系建设来说，理应将队伍建设放在重要的位置，由队伍建设带动其他环节的建设。

第二节　高校纪检监察队伍建设存在的主要问题

习近平总书记对纪检监察机关和纪检监察干部提出的要求经历了从"打铁还需自身硬""打铁必须自身硬""做忠诚、干净、担当的表率"到"政治素质高、忠诚干净担当、专业化能力强、敢于善于斗争"的发展历程，应该说要求越严、标准越高，纪检监察队伍建设的压力就越大。对于高校来说，了解纪检监察队伍建设存在的主要问题是改善队伍建设水平、提高监督执纪成效的前提和基础。

一、理想信念方面

（一）开展理想信念教育不够

在2018年全国组织工作会议上，习近平总书记对培养忠诚干净担当的高素质干部提出的基本要求之一就是要"教育引导干部加强党性修养、筑牢信仰之基，加强政德修养、打牢从政之基，严守纪律规矩、夯实廉政之基，健全基本知识体系、强化能力之基。"① "信仰之基、从政之基、廉政之基、能力之基"就是新时代高素质干部的成长之基，要通过改善知识结构、提升能力素质

---

① 中共中央党史和文献研究院. 十九大以来重要文献选编：上 [M]. 北京：中央文献出版社，2019：563.

等方式将理想信念的教育贯穿个人成长的全过程。全面从严治党，要靠理想信念引领，要做到"以德为先、立根固本，这里的'德'就是理想信念宗旨、优良传统作风"。①"修身立德是为政之基，从不敢、不能到不想，要靠铸牢理想信念这个共产党人的魂。面对公和私、义和利、是和非、正和邪、苦和乐的矛盾，是选择前者还是后者，靠的就是觉悟，最终检验的是对党和人民的忠诚。"②

从目前高校的纪检监察队伍组成情况来看，很多高校的纪检监察人员不是专业出身的，他们有的来自本校的行政部门，有的是从其他单位借调，还有一部分是原来的纪委"老人儿"，长期在一个部门或一个岗位工作，不仅知识比较单一，有的还很陈旧。从理想信念的培养和教育角度来看，受时间限制而走马观花的有之，不重视理想信念教育、宗旨教育和廉政法规教育的有之，对于为什么把"为中国人民谋幸福、为中华民族谋复兴"作为党的初心使命了解的不深刻，对什么是社会主义核心价值观、为什么要将其融入日常工作中等问题更是缺少深入分析和应用。这样的人比较难以接受别人的批评教育，在大事面前难以发扬斗争精神、体现斗争本领，而是采取等、靠、躲等办法。就是说，理想信念教育开展得不够，初心使命就难以牢记于心，难以达到"不想腐"的境界，在金钱、利益面前往往会迷失方向，出现贪污贿赂、买官卖官、徇私枉法、腐化堕落、失职渎职等问题也就在所难免。

从纪检监察的实际工作来看，纪委是维护党纪的政治机关，而不是行权用权的执政部门，纪委的监督执纪问责任务也属于政治工作，既然是政治工作，就要拥有一定的思想政治水平，运用思想政治方法去开展工作。面对犯错误的同志要"用党章党规去教育感化、用理想信念宗旨去启发觉悟，让他们认识背离信仰和宗旨所犯的错误，重新回到正确的轨道上来"③。这就需要纪检监察

---

① 王岐山. 全面从严治党 把纪律挺在前面 忠诚履行党章赋予的神圣职责：在中国共产党第十八届中央纪律检查委员会第六次全体会议上的工作报告 [M]// 党的十八大以来中央纪委历次全会文件资料汇编. 北京：中国方正出版社，2023：143.

② 习近平在十八届中央纪委七次全会上发表重要讲话强调 全面贯彻落实党的十八届六中全会精神 增强全面从严治党系统性创造性时效性 [M]// 党的十八大以来中央纪委历次全会文件资料汇编. 北京：中国方正出版社，2023：173.

③ 十八届中央纪律检查委员会向中国共产党第十九次全国代表大会的工作报告 [M]// 十九大以来重要文献选编. 北京：中央文献出版社，2019：78.

干部不仅自身要具有崇高的理想信仰和政治觉悟，还要会运用这些思想政治内容开展工作。需要将原则性和灵活性相结合创新工作方式方法，做到严管和厚爱相结合，既能"拔烂树"，又能"治病树""正歪树"，由此可见，对纪检监察人员开展理想信念教育的重要性。

（二）监督执纪问责的意识不强

作为执行监督执纪问责任务的专责机关，工作人员监督执纪问责的意识高低将直接反映在部门的工作成效上，人无完人，"纪检监察机关不是保险箱，纪检监察干部也不是生活在真空里，党员干部存在的问题，我们的队伍同样存在"，[1]当纪检监察部门工作人员放松对自己责任意识的要求时，就会出现不愿监督、不敢监督等监督缺失问题。遇到问题绕着走，不想干、不作为；办案业务能力不强、斗争本领不够，但是"抹案子"却"机灵"得很；对一起工作的同事、一个锅里吃饭的领导抹不开面子，监督的时候畏首畏尾；有的人办案时"违反政治纪律、组织纪律、工作纪律，擅做取舍、选择性办案，甚至胆大妄为，跑风漏气，办人情案、关系案、金钱案。"[2]，这些人的行为暴露的不仅仅是监督执纪问责意识不强的问题，而是利用党和人民赋予的权力达到以案谋私的目的，严重背离了人民的期待。

（三）对党绝对忠诚做的不够

2018年，习近平总书记就曾经在全国组织工作会议上的讲话中指出："忠诚不是挂在嘴上、写在纸上的，而是要体现在实际行动上。有的干部工作上拈轻怕重、不愿到艰苦地方和岗位工作，能说对党忠诚吗？有的干部报告个人事项打埋伏、8小时之外找不到人，能说对党忠诚吗？这样的干部，真到了关键时刻能靠得住吗？"[3]这里列举的几种情况日常工作中经常存在，这些人的问题主要就是不能牢记自己的第一身份是共产党员、第一职责是为党工作，因此

① 王岐山. 依法治国 依规治党 坚定不移推进党风廉政建设和反腐败斗争［M］// 党的十八大以来中央纪委历次全会文件资料汇编. 北京：中国方正出版社，2023：111.

② 王岐山. 依法治国 依规治党 坚定不移推进党风廉政建设和反腐败斗争［M］// 党的十八大以来中央纪委历次全会文件资料汇编. 北京：中国方正出版社，2023：112.

③ 习近平. 在全国组织工作会议上的讲话［M］// 十九大以来重要文献选编：上. 北京：中央文献出版社，2019：569.

难以保证任何时候都能与党同心同德。

纪检监察机关是党和国家监督职能的专责机关，必须要忠诚于党、忠于人民，必须站在人民的立场上做事情，维护宪法和法律的权威，因此，绝对忠诚应该是纪检监察干部与生俱来的政治基因，也是最鲜明的政治品格。

说起纪检监察干部的忠诚品德，可谓是纪检监察部门出现以来就有的优良传统。中国共产党第五次全国代表大会首次设立了中央监察委员会，当时的目的就是"巩固党的一致和权威"，维护党的建设和集中统一领导。中央监察委员会的第一届人员共10人，先后牺牲了8位同志，无一人叛党投敌，"忠实"的基因由此传承下来。有人总结，纪检监察机关在成立初期的要求是"忠实刻苦"，新中国成立后强调的是"忠实可靠"，改革开放初期的要求是"政治坚强"，新时代则强调纪检监察干部要做到"忠诚干净担当"，虽然表达方式上有一些变化，但"忠诚"却是始终不变的要求。近些年，习近平总书记为纪检监察干部的"忠诚"，加上了时代的注解和不二的标准，那就是"绝对忠诚"，这里的"绝对"二字，表示的是"唯一的、彻底的、无条件的、不掺任何杂质的、没有任何水分的"[①]，必须做到"始终不变""始终忠诚""表里如一""知行合一"，不仅要勇于担当善于担当，而且要敢于斗争善于斗争，不仅要惩恶扬善，还要自身清廉，关键时刻要为党和国家的事业献出自己的一切，直至牺牲个人生命。高校纪检监察干部要结合教学科研对教学内容和科研成果进行监督把关，如教师上课是否遵守政治纪律和政治规矩，是否具有"四个意识"，是否做好了"两个维护"等，要求全校上下必须在思想上政治上行动上与党中央保持高度一致，为培养新时代所需要的人才提供风清气正的环境。

广大纪检监察干部要始终对党绝对忠诚，扎实开展主题教育，提升思想政治理论水准，提升对国家法律法规和国家政策的把握能力，做勇于斗争、善于斗争的表率。新时代，对党忠诚度的重要检验就是"讲规矩"，这也是对党员和党员干部党性的重要检验。当前一些领导干部犯错误，尤其是纪检监察干部犯错误，最本质原因就是"对党忠诚"不够，没有忠诚于党的领导，没有做到以人民为中心，忘记了初心使命，背离了现代化建设的要求，破坏了党的团结统一。敢于担当是纪检监察干部对党忠诚的具体体现，纪委书记应该带头担起

---

① 何艳，白广磊. 以铁的纪律打造忠诚干净担当的铁军：学习习近平总书记关于加强纪检监察干部队伍建设系列重要论述［J］. 中国纪检监察，2023（7）：10.

责任，不能碌碌无为。"无数案例表明，不正之风和腐败问题只是'表'，党的观念淡漠、组织涣散、纪律松弛才是'里'，根子在于理想信念动摇、宗旨意识丧失、党的领导弱化，管党治党失之于宽、松、软。"①归根结底是缺少理想信念的引领，导致党的观念淡漠、组织涣散、纪律松弛。

二、工作能力方面

（一）业务知识储备不够

纪检监察工作的对象覆盖范围全，内容涵盖也广，可能会涉及财务、基建、审计、招投标、招生、保密、信息管理等多种领域，数据多、线索多、处理起来比较复杂，这就需要纪检监察人员具有综合性素质，不仅具有对线索识别的敏感性，而且在处理案件过程中还要能运用综合技能形成正确的判断。同时，具有综合素质的人员还有利于工作方式方法的创新，能提升"24小时"监督常态化体制机制的效果。正如习近平总书记指出的那样"只有理论上的清醒，才能保证政治上的坚定"，纪检监察人员只有具有综合能力、业务知识储备丰富，才能承担好监督执纪问责的责任。

当前，随着违纪违法问题越来越多样化、隐形化，有的纪检监察干部在处理各种新问题、新矛盾和新困难时，因为能力不足、钻研不够、知识储备不多、学习意识淡薄等原因导致工作能力不强、业务知识储备更新慢等问题。有的平时忙于所谓中心工作，荒了自己的"责任田"，对本职工作虚以应付，问题发现不了，案件查办不了，即使查办案件也存在经验不足、质量不高的现象。另外，王岐山在第十八届中央纪委第四次全会上还指出一个问题："现在，有的党员干部不学党规党纪，不知法律法规，无视规矩、不讲廉耻，毫无戒惧之心。"②可见，无论是理想信念还是业务知识，都需要有学习的动力、行动和持之以恒的毅力，以扎实的学识、过硬的专业技能提升监督执纪本领，这将是纪检监察部门及其工作人员"强身健体"的不二法宝，也是永远不变的努力

① 王岐山. 全面从严治党 把纪律挺在前面 忠诚履行党章赋予的神圣职责：在中国共产党第十八届中央纪律检查委员会第六次全体会议上的工作报告 [M]//党的十八大以来中央纪委历次全会文件资料汇编. 北京：中国方正出版社，2023：143.

② 同上，2023：66.

方向。

（二）了解新事物、学习新技术的主动性不够

信息化时代，高校在数字化、网络化方面有很多管理创新，大数据技术的普及也使纪检监察部门的办案有了更有力的支持，因此，纪检监察干部的信息化素养培养和提升成为适应新时代岗位发展的必然要求。但由于各学校的情况不同，纪检监察部门的组成人员素质不一，目前，纪检监察系统还存在对新事物了解主动性不够、对学习新技术主动性不够的现象，从而造成信息化素养不高的问题。

首先，对纪检监察工作的信息敏感度低、信息意识薄弱。有人说"纪检干部不下基层走，一点线索也没有"，这句话实际上道出了纪检监察工作的本真，就是说，很多案件线索来自基层，纪检监察部门人员要经常深入基层、深入实际，而不是"高高在上"或者"敬而远之"，不能与其他部门或一线师生距离太远，通过提升与大家接触和交流获得的信息敏感度来寻找案件线索，逐步锻炼出"火眼金睛"。

其次，纪检监察干部的信息化能力不强。部分年龄偏大的纪检监察干部对接受信息技术有畏惧心理，甚至有的排斥信息化，主要凭过去的经验办事，意识不到信息对高校纪检监察工作的重要性；还有一部分人缺乏信息化知识却没能及时培训补齐，不会熟练使用各种信息排查技术，不会充分使用微信、公众号、邮箱存储等平台的功能，在遇到需要排查案件信息、线索时难以形成证据链闭合，致使一些案子的处理效果不好。纪检监察部门属于特殊部门、特殊岗位，既需要掌握纪检监察技术，又需要有一定的信息处理技术，而实际岗位上这样的复合型人才却很少。《纪检监察机关处理检举控告工作规则》中要求，"建设覆盖纪检监察系统的检举举报平台，运用互联网技术和信息化手段，畅通检举控告渠道"[1]，这是时代化发展对纪检监察部门提出的要求，就是说，相关的工作人员必须熟练掌握互联网技术和信息化的工作方式，才能保护好检举控告人，才能及时获取有价值的信息。

最后，纪检监察干部的信息伦理道德需强化。网络信息技术的发展极大地改变了人们的生产方式、生活方式、行为方式，对高校纪检监察干部来说，不

[1] 纪检监察机关处理检举控告工作规则 [M]. 北京：中国法制出版社，2020：3.

仅要有足够的信息化技能，还要遵守网络伦理道德，因为纪检监察干部接触到的很多事情都属于个人隐私、单位隐私，不易于对外公开。但是，如果有的人在这方面的行为失范，就会导致不该有的问题出现，比如泄露个人隐私，比如利用网络传输不该传输的信息违反了保密规定等行为，这是严重的信息伦理道德问题。随着信息技术越来越先进，高校要十分关注这方面的工作，要强化保密意识，强化对纪检监察干部的道德伦理观的培养，促进这支队伍的专业化、信息化建设向更高水平更高质量发展。

（三）斗争意识不足、斗争本领有待提升

中国有讲和合、与邻为善的传统，"讲人情、给面子"是熟人社会普遍的社会心理和行动逻辑，也是纪检监察干部开展工作时绕不开的话题，是提升敢于斗争善于斗争能力的主要阻碍因素，这些因素也与强调理想信念、规矩意识、责任和纪律等价值取向形成了根本冲突。[①]

发扬伟大的斗争精神，是对马列主义关于永葆无产阶级政党斗争精神学说的坚持和传承，是对中国共产党领导中国人民进行的艰苦卓绝的伟大斗争实践和经验的凝练，也是新时代对斗争精神的丰富和升华。从全面从严治党的时代要求来看，这是确保"全面从严治校"向纵深推进的内在要求，是满足广大师生员工美好追求的根本保证，是不断防范化解在大学治理过程中面临的各种风险挑战的现实需要。"纪检监察机关因党而生、为党而战，始终同一切破坏党的团结统一、损害党的先进纯洁的人和事做斗争，敢于斗争、善于斗争是极其重要的品格"。[②]高校纪检监察干部要立足岗位、立足时代发展要求和国内外形势，充分发扬斗争精神，不断提升斗争本领。

目前我们面对的敌人不可谓不强大，面对的斗争形势不可谓不复杂。在高校，如由于生活条件的优越性而产生的一些师生员工奢侈消费、攀比消费的问题，受经济利益至上、个人利益至上的影响形成的功利性追求问题，进而导致的诸如学术造假、资历造假问题，受西方社会思潮入侵和西方文化霸权推行影响产生的意识形态问题、师德师风问题等，表现形式多样，识别起来不是很容

---

① 张德硕. 湖北省地方高校纪检监察队伍建设困境探析［J］. 办公室业务，2022（10）：111-112.
② 本书编写组. 党的十八大以来中央纪委历次全会文件资料汇编［M］. 北京：中国方正出版社，2023：548.

易。有些问题虽然不是很大，但确实违反了"中央八项规定"或者廉洁自律准则等规定，需要广大纪检监察干部能运用"红脸出汗""警示提醒"等方式及时开展工作，纠正偏差，防微杜渐。但是往往有一些干部做不到，总是觉得平时都是同事，抬头不见低头见的，有点问题也不至于影响到大局，就睁一只眼闭一只眼地过去吧，因为纪检监察干部拉不下脸，放纵了一些人和一些行为的发生。还有的是当面临的问题比较复杂、违纪违法的人比较强势的时候，一些纪检干部不只是不敢斗争，有时还不会斗争，不能开展工作，有的碍于人情关系，收受了人家的礼品礼金，"拿人钱财替人消灾"的思想竟然成为其突破底线的"充分好理由"。

"惟以改过为能，不以无过为贵"[①]，纪检监察干部要想始终将纪律和规矩摆在突出位置，始终坚持纪严于法、纪在法前，不仅要狠抓执纪纪律，还要使自身养成纪律自觉，经常对照标准找差距、找不足，努力提升自身的斗争意志和斗争本领。要善于从政治上看问题，无论发生什么事情，站稳政治立场、把准政治方向是根本，是能够将斗争进行到底的前提。

（四）工作方法创新不够

无论是哪个领域的纪检监察工作都要以严格的纪律性、高度的独立性、有力的战斗性为标准，纪检监察人员不仅要掌握基本的业务知识，还要有不断改革创新的动力和精深的业务技能。但是目前大部分高校纪检监察部门普遍存在人员数量不够（有的是因为编制不够而从下级部门借调，有的是因为工作量大导致的人手不足）等问题；缺少足够的业务知识培训；知识和技能的更新速度没有充分的保证；一些地方性高校，很少有集体组织的专业知识培训，对外交流也受到一定的限制；还有一些高校因为存在干部换岗、调整工作范围等问题而使一部分纪检监察人员不能及时补足业务知识，存在着认为自己即将调换工作岗位、不学习也不会有什么影响等心理，使得纪检监察干部业务知识得不到有效补充，出现了工作方式简单化、工作能力大众化、工作方法程式化等问题，缺少对工作方式方法的创新。还有部分高校的纪检监察干部摆错了自己的工作位置，错误地认为自己做的是"管人"的工作，可以高高在上，在一定程

---

① 习近平. 牢记初心使命，推进自我革命［M］//十九大以来重要文献选编：中. 北京：中央文献出版社，2021：120.

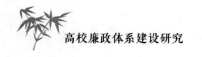

度上助长了自由主义、官僚主义、形式主义等问题，不能正确运用执纪监督的"四种形态"，更难以对"咬耳扯袖、红脸出汗"的具体执行方式方法进行创新。

三、纪律约束方面

（一）监督机制还不健全

近些年，高校中曝光的领导干部违纪违法问题，也以活生生的事实说明当前高校反腐败工作形势的严峻性和复杂性。"纪委监督、党内监督、社会监督的有机结合"是全面从严治党总结出的一个好经验好做法，但这个结合需要有健全的制度保障。在健全制度规范体系的同时，还要有相关的落实和反馈环节，强化党内监督，重在日常、贵在有恒，在日常工作中一定要做到见物见人见细节，从点滴抓起，从具体的问题抓起，以保证党中央的大政方针不折不扣落实到位。

（二）"灯下黑"问题仍然存在

"灯下黑"一词曾经是用于解释照明时因灯具自身被遮挡而产生阴暗区域的现象，现在被引申为多种含义，包括人们对发生在身边很近的事物和事件没有看见或察觉，以及国家公权力部门在治理非法行为过程中，对本部门内的违法行为未能察觉等情况。这个形象的比喻告诉人们，在照亮别人的时候，也要经常关注自己，检视自己是否存在问题，是否也应该被照亮。

在法治社会，任何人都要成为守法公民才能维护好社会的公平正义。"善禁者，先禁其身而后人"。作为纪检监察干部来说，首先要以身作则、率先垂范，要严守纪律底线和政治红线。然而，有一些人员在利益面前忘记了自己是谁，忘记了纪律是带电的高压线，忘记了廉洁自律的底线。透露案件信息、压案瞒案、吃拿卡要当事人、违规收受贿赂、潜规则下属、以案谋私，甚至享乐奢靡的消费问题也出现在纪检监察系统，足以表明这些公权力没有受到严格的约束。师生员工对反腐败工作是充满期待的，而监管中出现了"灯下黑"问题确实是"失民心之事"。还有的个别纪检监察部门领导搞两面派、做两面人，在案件处理中对当事人严格要求，对生活中的自己则放宽政策，修身律己不够、对家属管教不严、对个人事项申报不实等。还有的高校纪检监察部门因为监督责任缺位，使"探头"作用发挥不充分，能发现的问题没有发现、该报告处置的不及时报告处置、该问责的不去问责，不作为、乱作为等问题，都严重影响了纪检监察部门的形象。

"信任不能代替监督"，出现"灯下黑"问题，最主要的还是监督制度不健全，没有把纪委的自我监督与党内监督、社会监督有机结合起来，没有把权力关进制度的笼子里。在纪检监察部门设立干部监督室，制定监督执纪工作规则的目的，就是要使纪检监察部门及其工作人员的工作受到更全面的监督。而作为高校的纪检监察干部，则要对自己提出比对普通群众更为严格的标准，认真开展自我监督，并将自我监督与党内监督结合起来，同民主监督、群众监督、舆论监督有机融合起来，这样才能建强这支队伍，才能塑造良好的纪检监察队伍形象。

（三）警示教育力度不足

在纪检监察系统中有一句话可以表明警示教育的作用，即"问责一个，警醒一片"。要巩固党风廉政建设和反腐败斗争的成果，不仅要对涉事人员进行惩戒，还需要运用相关案例进行警示教育，营造全面从严治党的舆论氛围。目前，从中央到地方都有开展警示教育的相关媒介或平台，如《中国纪检监察报》《中国纪检监察》杂志，中央文献出版社编辑出版的《习近平关于严明党的纪律和规矩论述摘编》《习近平关于党风廉政建设和反腐败斗争论述摘编》《习近平关于注重家庭家教家风建设论述摘编》等权威的论述，还有"学思践悟""中国传统中的家规"专栏，电视专题片《永远在路上》《打铁还需自身硬》《巡视利剑》《廉洁文化公开课》《零容忍》《国家监察》等。另外各级各类的微信公众号也会及时推出典型案例，编发严重违纪中管干部及其配偶、子女的忏悔录，这些都可以被选择用于对高校师生开展警示教育。

但是高校中目前的教学科研任务比较重，真正能常态化、制度化开展廉政警示教育的高校并不多，成立高校廉政建设研究机构的学校也凤毛麟角，单靠纪委的力量难以保证对各种教育内容的宣传传播效果。有的学校做了，但是形式化、单次性的比较多，如搞一次书画展、一次演讲比赛、一次知识竞赛等，

至于如何让最新的纪检监察法律法规深入人心，如何将违纪违法行为人及其相关人员的忏悔录用于学习警示，目前做的不是很理想，大部分高校的纪委缺少这方面的设计和思考。由于不能及时公布本校的一些违纪违法行为，使很多老师认为学校里不会发生"那样的事"，从而放松了警惕，放松了监督的责任。

（四）纪律教育深入不够

纪律建设是全面从严治党的治本之策，在党的建设所有内容中，纪律建设起到提供规范和保障的作用。纪检监察干部要懂规矩、守纪律，开展经常性的纪律教育是必不可少的。首先是开展党章党规党纪的教育，要作为党员领导干部的政治必修课，增强教育的时效性，通过这个基本的纪律教育使党员领导干部尤其是纪检监察干部能够知敬畏、存戒惧、守底线。

从目前纪检监察干部队伍建设情况来看，各高校都在开展相关的教育，基本都有计划、有组织，如利用机关的主题党日、民主生活会等契机，组织党员干部开展的教育学习活动，利用主题教育的要求开展的教育学习活动，也有的高校纪检监察部门结合案件的情况组织的一些学习。但是各高校学习效果不一样，有的高校是为了专项学习任务而安排学习，有的高校是为了完成年度计划而安排学习，有的高校纪委书记比较重视纪检监察人员的纪律教育能自发组织并主动授课，还有的高校能给本部门人员安排外出进修学习，与其他兄弟院校进行人员交流互动，等等。在学习过程中，采用的方法也不一样，有的是读文件材料，有的是请专人讲座，还有的是让大家自学写体会，也有的是选择典型榜样现身说法，也有的是组织观看警示教育纪录片，参观警示教育基地。

纪律教育应该是一项常做常新的工作，随着新的政策法规出台，不仅要开展即时学习，还要结合纪律内容要求往深里学，要结合个人情况、岗位工作需求采取创新的方法往心里学、往实里学。如：正面典型教育是我们一贯倡导的，效果也很好，但是触目惊心的违纪违法事实也提醒我们，纪律教育还要用好反面教材，要通过警示教育纪录片、忏悔信等达到以案明纪、引为镜鉴的效果，由此，纪律教育的形式和方法必须不断创新。目前高校的纪律教育还没有形成完善的制度规范体系，也没有完全纳入学校教育教学的整体过程中，促进纪律教育常态化、长效化、制度化将成为高校纪检监察部门必须做好的基本功，也是当前需要补的一个短板。

四、队伍的组建及评价方面

（一）纪检监察人员选拔方面存在的问题

早在十八届中央纪委第七次全会上的报告中，王岐山就对纪检监察干部的选择和使用原则提出了要求："坚持好干部标准，加强纪委班子和队伍建设。牢牢把握党管干部原则，坚持德才兼备、以德为先，五湖四海、任人唯贤，打开选人视野，选择政治强、敢担当的优秀干部。着眼事业长远发展，多渠道选调干部，增强班子整体功能。"①"德才兼备、以德为先，五湖四海、任人唯贤"，这是对新时代纪检监察人员的要求标准，也是相关部门选人育人的基本遵循。

在实际工作中，很多高校不是不想用这个标准，只是苦于高校人员进出有制度所限，很难做到"五湖四海"，而且由于多年来高校纪委组成人员的出身背景比较复杂，又由于纪检监察工作内容繁杂、综合性强、保密性强等问题，使人员的调配面临着一定的困难，在人员的选拔环节也存在着一定的难度，目前还很少见高校出台关于纪检监察人员的选拔管理办法。应该说，各学校都在努力，但是离中央的要求还有很大的差距，因此，急需结合特殊岗位的要求出台纪检监察人员的相关选拔培养办法，早日使这支队伍"后继有人"有所规划和保障，也使现有岗位人员能够对标对表，努力提升自我、完善自我。

（二）对纪检监察干部考核评价方面的问题

纪检监察干部在岗位上的表现可以从多个角度进行考核评价，但是目前各高校基本是参照行政岗位的相关标准对纪检监察人员进行评价，包括政治素质、道德品质、工作能力、工作实绩、遵纪守法等方面的基本标准，还包括行政总体的平均绩效情况；考核评价的主要方式有民主推荐、民主测评、民意调查、公示与日常监督等。但是，从纪检监察工作的特殊性来说，还应该更多地将纪检监察的工作效果考虑进去。例如，因为纪检监察部门采取了某种警示教

---

① 王岐山. 推动全面从严治党向纵深发展 以优异成绩迎接党的十九大召开［M］// 党的十八大以来中央纪委历次全会文件资料汇编. 北京：中国方正出版社，2023：191.

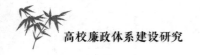

育方法，或者是开展了专项工作、进行了重点督查检查等活动，使学校的违纪违法行为明显减少，学校的信访举报件数量明显降低等，使学校在文化建设或者是纪律、廉洁等领域中获得了奖励，这些来自纪检监察部门的工作业绩，也应该作为对纪检监察干部考核的一个参照指标。

第三节 提升纪检监察队伍建设质量
推动高校廉政体系建设

"育才造士，为国之本"，建设一支忠诚、干净、担当的高素质干部队伍，重点要做好干部的培育、选拔、管理和使用工作。要从源头上开始培养，并坚持跟踪培养和全程培养，为其打牢从政之基础。

一、强化理想信念教育，守初心担使命，保证对党绝对忠诚

（一）强化理想信念教育

习近平总书记强调，理想信念是共产党人精神上的"钙"，必须加强思想政治建设，解决好世界观、人生观、价值观这个"总开关"问题。

高校纪委要经常组织纪检干部认真学习党的纲领、理论、路线，认真学习党章和其他党内法规，不断加强党性锻炼和修养，切实筑牢拒腐防变思想防线。广大高校纪检干部也要主动学习修身，坚持用马克思主义基本理论武装头脑，保持高度的政治警惕，增强政治敏锐性和辨别力，时刻自重、自醒、自警、自励，慎独、慎初、慎微、慎友，守得住清贫、耐得住寂寞、抗得住诱惑、管得住小节，防微杜渐，不断提高自我免疫能力。

一是加强党性教育，强化责任意识。必须加强高校纪检监察干部的党性教育，使他们能坚定正确的政治方向，充分认识自己所肩负的神圣职责，从讲政治的高度抓好党风廉政建设和反腐败斗争的各项工作，努力达到政治效果、执纪效果、社会效果三者的统一。二是加强党的基本路线教育，强化大局意识。要对纪检监察干部加强党的基本路线教育，使广大纪检监察干部更加自觉地坚

持以高效发展为中心,一切服从服务于发展这个大局。三是加强廉政教育,强化自律意识。要特别注重加强对纪检监察干部的廉政教育,使他们自觉抵制拜金主义、享乐主义和个人主义,做到严于律己,清正廉洁,守得住清贫、耐得住寂寞、抵得住诱惑、管的住小节,一身正气、两袖清风,用"四大纪律,八项要求""两学一做"约束自己的一言一行。四是加强宗旨教育,强化服务意识。要抓好宗旨教育,使高校纪检监察干部牢固树立为学校事业发展服务的思想,坚持群众路线和群众观点,努力做到想问题、办事情、做决策,都以教职工、学生满意不满意、赞成不赞成、拥护不拥护、高兴不高兴为出发点。五是加强理想信念教育,坚决维护党中央权威和集中统一领导,确保纪检监察干部在任何时候、任何条件下都能在政治上站得住、在工作上把得准、在方向上走得正,深刻认识到共产主义远大理想和中国特色社会主义共同理想对工作的引领和指导作用,踏踏实实做好本职工作。

党员干部的理想信念就像灯塔一样,是指导一切行动的"总指挥",从根本上决定着作风状况和行为方式。要经常强化理想信念在纪检监察干部发展中的地位和作用,很重要的一点就是"要依靠文化自信坚定理想信念。领导干部要不忘初心、坚守正道,必须坚定文化自信"。①博大精深的中华文化既包含中华优秀传统文化、革命文化,又包括社会主义先进文化,这些文化有着丰富的底蕴,是中国共产党带领全国人民在长期的革命、建设、改革实践中形成的,是继续走好新时代长征路的前进动力。要通过各种途径不断学习,提升个人的人文素养、精神境界,去除庸俗、远离低俗、不要媚俗,做到修身慎行、怀德自重、清廉自守,不辜负党和人民的期待。

(二)守初心担使命

党的初心和使命是"为中国人民谋幸福、为中华民族谋复兴",每一个纪检监察人都要牢记于心,这样才能更好地树立理想信念,坚持高标准和守底线相统一,才能将其变成工作的出发点和落脚点。作为管理部门则要经常开展教育培训,引导广大党员、干部自觉自愿地向着理想信念的最高标准努力,同时以纪律作为戒尺,衡量自己的言行、工作,在纪律面前知敬畏、存戒惧、守好

---

① 本书编写组. 党的十八大以来中央纪委历次全会文件资料汇编 [M]. 北京:中国方正出版社,2023:174.

底线。

新时代纪检监察干部要有新担当新作为，必须切实提高治理能力。治理能力首先体现在制度执行力上。纪检监察干部要强化制度意识和制度思维，严格执行各项制度，严格按照制度履行职责、行使权力、开展工作。对执行制度不力甚至破坏制度的行为，要敢于挺身而出、坚决斗争。提高治理能力，必须加强思想淬炼、政治历练、实践锻炼、专业训练。要在一体推进"三项改革"中，在长期的组织培养和实践锻炼中，不断提高制度执行力和治理能力，把承担的任务一项一项落实到位[①]。

二、强化廉洁自律意识，严肃政治生活，严守铁一般的纪律

（一）强化廉洁自律意识

"打铁必须自身硬""监督者更要带头接受监督"，高校不是与世隔绝的"世外桃源"，也会受到社会上各种不良风气的影响，使个别纪检监察干部放松对自己的要求，守不住底线、越过了红线。

高校纪检监察干部要从工作需要出发，深入党员干部和师生群体中，切实在思想上尊重师生，在感情上贴近师生，带着责任与感情坚决纠正损害师生正当利益的歪风邪气；要坚持改革创新，善于发现并总结党风廉政建设与反腐败斗争的经验、办法；要自觉抵制享乐主义和奢靡之风，督促广大党员干部认真贯彻落实厉行节约的规定，带头严格执行《中国共产党廉洁自律准则》等领导干部廉洁自律有关规定，自觉接受广大党员干部和师生群众的监督。

健全改进作风常态化制度，强化权力运行制约和监督体系，是提升新时期党员干部素质，强化党的思想和政治建设必须要解决的前沿问题。新时期高校党的作风常态化建设，根本在于学习和掌握马克思主义，并以此来分析和解决现实中存在的问题。基于对领导干部作风建设的实际问题的理论思考，不断创新和丰富新的实践与发展，用马克思主义基本理论开展对党员干部的思想政治教育指导，坚持马克思主义的唯物、辩证、实践和矛盾的观点分析与解决问

---

① 纪检监察机关：一体推进"三项改革"［EB/OL］.（2019-11-21）［2023-08-15］. https://mp.weixin. qq.com/s/0V6tDBZwxtup7MFGoXhUPQ.

题，尤其要坚持一切从实际出发、理论联系实际和实事求是的态度分析和解决党员干部作风中存在的问题，这也正是思想政治教育的精髓所在。

（二）严肃党内政治生活

转变党员干部作风，加强高校廉政建设，不仅具有崭新的时代内涵与深刻的理论创意，更是推进党的建设新的伟大工程的重要组成部分。高校要持续推进党的作风的常态化建设，深入研究新时期党员干部作风常态化建设产生的时代背景和理论创新的社会环境，分析领导干部作风非常态化产生的难题及成因，在继承与创新的基础上，坚持与时俱进，探索出新时期高校党风常态化建设的路径。"要扎实开展党中央部署的主题教育，坚持不懈用习近平新时代中国特色社会主义思想铸魂育人，使全体师生更加坚定理想信念，……切实把对'两个确立'决定性意义的深刻领悟转化为'两个维护'的自觉行动"①。将全面推进党的建设新的伟大工程、坚持和发展中国特色社会主义、实现中华民族伟大复兴的中国梦等任务要求有机融入教学和科研环节中去。

大局意识是做好自身工作的关键。强化大局意识要求必须自觉地服从大局、服务大局、维护大局，一切工作从大局出发，以大局为重，为大局着想。高校纪检监察工作要服从、服务于高校改革、发展、稳定这一大局。党员领导干部的政治生活要求领导干部始终要有正确的政治方向，要有坚定的政治立场和政治原则，始终遵守政治纪律和政治规矩，不断提升政治能力，强化系统观念。要在高等教育高质量发展的宏观背景下，不断提高战略思维、历史思维、辩证思维、系统思维、创新思维、法治思维、底线思维能力，高校只有政治能力强、政治站位高才能使培养出来的学生具有更高的政治视野和政治追求，才能更好地承担起民族复兴的大任。

三、强化信息技术提升，强能力提素养，增强斗争意识和本领

"纪检监察部门是党的'纪律部队'，是推进全面从严治党的重要力

---

① 李希. 在中国共产党第二十届中央纪律检查委员会第二次全体会议上的工作报告：深入学习贯彻党的二十大精神 在新征程上坚定不移推进全面从严治党 [M] // 党的十八大以来中央纪委历次全会文件资料汇编. 北京：中国方正出版社，2023：564—565.

量，……自觉接受刻骨铭心的革命性锻造和深入灵魂的精神洗礼，铸就政治忠诚、清除害群之马、健全严管体系、增强斗争本领"①。高校纪检监察干部要"勤洗澡、常照镜、正衣冠"，按照"情况明、数字准、责任清、作风正、工作实"②的标准，提升廉洁自律意识，加强作风建设，以高度的政治自觉带头严格执行党章党纪党规，带头发扬党的优良传统和作风，带头遵守廉洁自律准则等各项规定，带头转变作风，用切身的实际行动，形成"头雁效应"，以抓铁有痕、踏石留印的工作态度全身心投入到纪检监察工作中，打造出一身正气、秉公用权、铁面执纪的纪检监察"铁军"。

党的十九大报告中对纪检监察队伍提出了新的更高的要求，将"打铁还需自身硬"改成了"打铁必须自身硬"，对管党治党的提法也从"党要管党、从严治党"调整为"党要管党，全面从严治党"，这些提法的变化不仅要求纪检监察队伍必须不断提高本领，还结合管党治党的"全面从严"性对这支队伍的能力提出了更高的要求。

尽管近些年各高校都开始重视纪检监察部门的发展，也为该部门配备了实力比较强的人员，但是从现有高校纪检监察队伍的组成来看仍然十分复杂，既有来自政法、经济的相对专业对口的人才，也有来自理工科出身的毕业生，还有来自工勤岗位的工作人员。他们大多数缺乏扎实的法学、政治学等相关专业的理论功底，主要是在干中学、学中干、边干边学，遇到专业的问题常常力不从心，要么简单地对照法律条文进行研判，要么临时抱佛脚请教别人，工作比较被动。从年龄结构上来看，目前该系统充实进了一些年轻同志，改善了原来以老同志居多的状况。从工作内容和对外交流情况来看，这支队伍的业务学习、交流、进修、提高的机会相对较少，工作方法、能力、艺术以及自身科技知识、文化水平、综合素质等方面底气不太足。

从运用现代科技手段应对新型腐败能力来说，第一，表现在信息意识薄弱，信息敏感度低；第二，表现在有关信息技术的相关知识缺乏；第三，表现

---

① 新华社. 李希在全国纪检监察干部队伍教育整顿动员部署会议上强调：以彻底自我革命精神开展教育整顿 打造忠诚干净担当、敢于善于斗争的纪检监察铁军［EB/OL］（2023-02-24）［2023-08-15］. 中央纪委国家监委网站.

② 新华新闻新华时政. 中共中央纪委印发《关于纪检监察机关认真学习贯彻党的十八大精神的通知》［EB/OL］.（2012-11-26）［2023-08-15］. http://www.xinhuanet.com//politics/2012-11/26/c_113806750. htm

在信息技能或者能力的掌握不够，即信息获取技能、分析技能、评价技能和输出技能等不够，利用现代信息技术开展纪检监察工作的能力十分有限等；第四，表现在信息伦理道德弱化，有的高校纪检监察干部因为缺乏信息伦理道德而出现了自身网络行为失范问题就是最有力的证明。

随着反腐败斗争形势的日益严峻，这支队伍迫切需要运用信息化技术武装起来，提升斗争意识和本领。现代信息技术的发展对高校纪检监察干部的信息化手段也提出了更高的要求，一方面要尽快建立腐败案例的数据信息库，研究新型腐败发生发展的规律，深度分析权力运行过程，建立权力可查询、可追溯的反馈机制，强化对权力运行的制约和监督。同时，打破"信息孤岛"，建立大数据分享机制，在纵向上分享各级政府信息资源，在横向上分享各部门的信息，利用数据关联性监控评估腐败交易①。另一方面在查办案件过程中，要会使用信息技术手段，通过信息收集、比对、分析来提升办案效率和质量，运用信息技术手段开展警示教育，提升廉洁教育效果，形成风清气正的校园政治生态和清清朗朗的网络文化。

四、完善体制机制建设，重规范强约束，"三不腐"联合推进

"加强监督体系建设是推进全面从严治党的必然要求，完善党内监督体系是新时代全面从严治党战略布局的内在要求"②。要强化"不敢腐"的震慑，扎牢"不能腐"的笼子，增强"不想腐"的自觉，就必须进行不断的改革和制度创新，不断完善体制机制，加强对权力运行的制约和监督，保证权力在阳光下运行。尽管纪检监察机关已经取得了一定的成绩，但是要继续深入推进"三不腐"机制，必须坚守职责定位，强化监督，铁面执纪，严肃问责。

首先，继续推进纪检监察体制改革，深入推进纪检监察工作双重领导体制改革，完善监督体制，完善系统集成、协同高效的工作机制，贯彻好民主集中制，监督好高校的党委会、常委会、学术委员会、教学指导委员会等机构发挥好应有的作用，完善体制机制，使高校治理走上制度化、规范化、高水平的

① 新型腐败手段更加隐蔽　创新反腐败思路治理新型腐败［EB/OL］.（2022-12-05）［2023-08-15］. https://m.gmw.cn/baijia/2022-12/05/36209275.html.
② 王达品. 围绕四个着力点加强高校监督体系建设［J］. 中国高等教育，2022（5）：22.

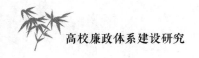

轨道。

其次，要重规范强约束，使高校的每个部门每位成员都能形成自我约束的主动性，树牢"一盘棋"思想，完善监督机制。使上级纪委对下级纪委的监督成为高校纪委努力完善自身的动力，使各行政部门及业务院系的同级监督成为高校纪委不断检视自身的外在约束，使校内师生的民主监督和党纪国法的约束成为高校纪委头顶的探照灯时时提醒照亮。

最后，以高校"三不腐"联合推进为全面打赢反腐败斗争攻坚战、持久战助力。一是结合近些年强力开展的纠治"四风"问题尤其是形式主义官僚主义问题，继续开展工作，做到发现一起查处一起，对那些仍然顶风违纪的行为要做到露头就打，对那些乱作为或者不作为的人要坚决问责，始终释放出惩治高校领域腐败和作风问题越来越严的强烈信号，强化"不敢腐"的强大震慑效能。二是聚焦高校内部的组织人事、基建后勤、校办工厂、经费管理、科研项目、招标采购、附属医院等重点领域和关键环节，根据发现的问题，不断健全完善相应的约束机制，做到严格执行，扎牢"不能腐"的刚性制度约束。三是提升"不想腐"的思想教育优势。高校纪委可以利用学校的教育教学资源优势，聚焦一把手和领导班子等"关键少数"，不断通过思想教育、主题教育等途径强化理论武装，引导"关键少数"发挥固本培元、拒腐防变能力的"头雁"作用和示范效应。坚定"严到位、严到底"的原则，持之以恒严肃执纪，以时时放心不下的责任感，不断提升对高校反腐败斗争形势严峻性的认识，充分彰显"不敢腐"的震慑效能，全面扎牢"不能腐"的制度约束，不断增强"不想腐"的政治自觉。

五、开展自我革命，强化内控机制，一体推进廉政体系建设

"善禁者，先禁其身而后人"。高校纪检监察部门及其人员始终处在反腐败斗争第一线，会经常直接面临各种利益诱惑、各种人情关系的严峻考验，没有谁天生就具有对各种利益腐蚀的免疫力，面对新问题、新挑战，需要解决好"谁来监督纪委"的问题，需要自清门户，防止队伍中出现"害群之马"，更要防止出现"灯下黑"问题，最有力的办法就是开展自我革命，以伟大的自我革命精神推动纪检监察机关及纪检监察干部队伍的监督机制、内控机制建设，进

而一体化推进高校的廉政体系建设。

(一) 勇于开展自我革命，完善自我监督体系

多年来，纪检监察部门作为党的纪律部队的形象已经日渐深入人心，大家心目中的纪检监察干部个个应是秉公办事、作风过硬的人物，但是从曝光的数据看，这支队伍中仍然有"腐肉"，不仅有存量的问题，也有增量的问题。因此，要时刻保持清醒和自觉，经常清理门户，刀刃向内自剜腐肉，提高队伍担当作为的水平，进一步完善自我监督体系。

中央纪委国家监委通报的数据显示："2022年上半年，全国纪检监察系统共接收涉及纪检监察干部问题线索或反映1.14万件次，处置涉及纪检监察干部问题线索8300余件，谈话函询纪检监察干部3500余件次，对纪检监察干部立案近1200件，处分1100余人，移送司法机关54人"[①]；从党的十九大到党的二十大的五年，"全国谈话函询纪检监察干部4.3万人，组织处理721人，处分1.6万人，移送监察机关620人。"[②]这两组数据令人瞠目，作为纪检监察干部知法犯法、执法犯法，这不仅意味着国家对所有执行公权力的人会一律平等对待，有勇气刀刃向内开展自我革命，同时也意味着，建设一支"以党性立身做事，锤炼过硬作风素质，做党和人民的忠诚卫士"的纪检监察队伍仍然任重道远。

作为监督执纪问责的专门机构，尤其是高校的纪检监察部门要以更高的标准、更为严格的措施和纪律来要求自己，通过不断完善监督机制，提高自身的免疫力。

(二) 放下包袱开动机器，提升专业技术水平

高校纪检监察工作性质的特殊性，在客观上要求纪检监察干部要有较高的政治素质和业务水平，这就首先要求纪检监察干部要放下在思想领域中存在的任何思想包袱，大胆开动机器。对于担心在案件查办过程中可能会得罪领导的

---

① 吕佳蓉. 奋进新征程 建功新时代 做党和人民的忠诚卫士［EB/OL］. (2022-10-04) ［2023-08-15］. 中央纪委国家监委网站.
② 董菲晨. 刀刃向内防止"灯下黑"：自觉接受最严格的约束和监督［J］. 中国纪检监察，2023 (1)：42.

心理、怕办案而影响与其他部门员工的人际关系的心理等，相关领导要认识到这是在信仰信念方面的问题、是在责任担当方面的问题、是爱岗敬业精神还不高的问题，因此需要对这些人员开展经常性的教育、提醒和谈话。对于难以发扬斗争精神，不能敢于斗争、善于斗争的人员，适时调整到别的岗位。对于担心自己专业技术水平不高而办错案的心理，也要与其讲清楚中央出台的关于"三个区分开来"政策的内涵及意义、中央纪委国家监委办公厅已经印发的《中央纪委国家监委关于为受到失实检举控告纪检监察干部予以澄清正名的实施意见》的内容，同时建议各高校纪检监察部门组织大家做好学习，从而更好调动和保护干事创业、担当作为者的积极性。

正确、坚定的政治意识是高素质纪检监察干部的灵魂。作为一名纪检监察干部时刻都处在反腐斗争的最前沿阵地，由于职能特殊、位置重要，要完成好党、人民和社会赋予的反腐倡廉的重任，必须不断强化自身的政治意识。只有理论上的清醒才能保证政治上的坚定，只有政治上的坚定、思想道德上的纯洁和高尚，才能保证政治敏感性和鉴别力，才有抵御思想侵蚀的能力，也才能禁得住形形色色的诱惑，筑起拒腐防变的思想长城，使"三不腐"机制持续一体推进，构建出具有特色的高校廉政体系。

参考文献

著作

[1]　毛泽东.毛泽东选集：4卷全［M］.北京：人民出版社，1991.

[2]　邓小平.邓小平文选：第1～3卷［M］.北京：人民出版社，1994.

[3]　毛泽东.毛泽东文集：第1～8卷［M］.北京：人民出版社，1999.

[4]　江泽民.江泽民文选［M］.北京：人民出版社，2006.

[5]　习近平.习近平谈治国理政：第1卷［M］.北京：外文出版社，2019.

[6]　习近平.习近平谈治国理政：第2卷［M］.北京：外文出版社，2017.

[7]　习近平.习近平谈治国理政：第3卷［M］.北京：外文出版社，2020.

[8]　习近平.习近平谈治国理政：第4卷［M］.北京：外文出版社，2022.

[9]　中共中央文献研究室.十八大以来重要文献选编：上［M］.北京：中央文献出版社，2014.

[10]　中共中央文献研究室.十八大以来重要文献选编：中［M］.北京：中央文献出版社，2016.

[11]　中共中央文献研究室.十八大以来重要文献选编：下［M］.北京：中央文献出版社，2018.

[12]　中共中央文献研究室.十九大以来重要文献选编：上［M］.北京：中央文献出版社，2019.

[13]　中共中央文献研究室.十九大以来重要文献选编：中［M］.北京：中央文献出版社，2021.

[14]　中共中央文献研究室.十九大以来重要文献选编：下［M］.北京：中央文献出版社，2023.

[15]　习近平.论党的自我革命［M］.北京：党建读物出版社，2023.

［16］ 中共中央宣传部.习近平新时代中国特色社会主义思想三十讲［M］.北京：学习出版社，2018.

［17］ 中共中央党史和文献研究院，中央学习贯彻习近平新时代中国特色社会主义思想主题教育领导小组办公室.习近平新时代中国特色社会主义思想专题摘编［M］.北京：党建读物出版社，中央文献出版社，2023.

［18］ 习近平.论把握新发展阶段、贯彻新发展理念、构建新发展格局［M］.北京：中央文献出版社，2021.

［19］ 习近平.论科技自立自强［M］.北京：中央文献出版社，2023.

［20］ 习近平.习近平著作选读：第1卷［M］.北京：人民出版社，2023.

［21］ 习近平.习近平著作选读：第2卷［M］.北京：人民出版社，2023.

［22］ 习近平.论坚持全面依法治国［M］.北京：中央文献出版社，2023.

［23］ 中共中央宣传部，中央国家安全委员会办公室.习近平新时代中国特色社会主义思想学习纲要［M］.北京：学习出版社，人民出版社，2023.

［24］ 本书编写组.党的二十大报告辅导读本［M］.北京：人民出版社，2022.

［25］ 本书编写组.二十大党章修正案学习问答［M］.北京：党建读物出版社，2022.

［26］ 人民日报评论部.习近平用典：第2辑.北京：人民日报出版社，2018.

［27］ 中国共产党章程［M］.北京：人民出版社，2022.

［28］ 中共中央办公厅、中央"不忘初心、牢记使命"主题教育领导小组办公室.中国共产党重要党内法规学习汇编［M］.北京：中国法制出版社，2019.

［29］ 中共中央组织部.中国共产党组织建设一百年［M］.北京：党建读物出版社，2021.

［30］ 中共中央党史和文献研究院.马克思主义中国化一百年大事记［M］.北京：中央文献出版社，2022.

［31］ 本书编写组.《中共中央关于制定国民经济和社会发展第十四个五年规划和2035年远景目标的建议》辅导读本［M］.北京：人民出版社，2020.

［32］ 学习出版社.2019党的十九届四中全会《决定》学习辅导百问［M］.北京：学习出版社，2019.

［33］ 本书编写组.监督执纪基础法规［M］.7版.北京：中国方正出版社，2021.

[34] 《习近平法治思想概论》编写组. 习近平法治思想概论 [M]. 北京：高等教育出版社，2021.

[35] 习近平. 高举中国特色社会主义伟大旗帜 为全面建设社会主义现代化国家而团结奋斗：在中国共产党第二十次全国代表大会上的讲话 [M]. 北京：人民出版社，2022.

[36] 十八大以来廉政新规定 [M]. 北京：人民出版社，2022.

[37] 中共中央纪律检查委员会，中共中央文献研究室. 习近平关于党风廉政建设和反腐败斗争论述摘编 [M]. 北京：中央文献出版社，中国方正出版社，2015.

[38] 中共中央纪律检查委员会，中共中央文献研究室. 习近平关于严明党的政治纪律和政治规矩论述摘编 [M]. 北京：中央文献出版社，中国方正出版社，2016.

[39] 中国法制出版社. 中国共产党常用党内法规规范性文件汇编 [M]. 2版. 北京：中国法制出版社，2021.

[40] 本书编写组. 党的十八大以来中央纪委历次全会文件资料汇编 [M]. 北京：中国方正出版社，2023.

[41] 本书编写组. 中国共产党第十九届中央委员会第六次全体会议文件汇编 [M]. 北京：人民出版社，2023.

[42] 中共中央党校教务部. 十一届三中全会以来党和国家重要文献选编：上：一九七八年十二月——二〇一二年十月 [M]. 修订本. 北京：中共中央党校出版社，2020.

[43] 中共中央党校教务部. 十一届三中全会以来党和国家重要文献选编：下：二〇一二年十一月——二〇二二年十月 [M]. 修订本. 北京：中共中央党校出版社，2022.

[44] 中共中央党校教务部. 十一届三中全会以来党和国家重要文献选编：一九七八年十二月——二〇一四年十月 [M]. 修订本. 北京：中共中央党校出版社，2015.

[45] 中共中央党史和文献研究院. 习近平关于依规治党论述摘编 [M]. 北京：中央文献出版社，2022.

[46] 中共中央纪律检查委员会，中华人民共和国国家监察委员会，中共中央党史和文献研究院. 习近平关于坚持和完善党和国家监督体系论述摘编 [M]. 北京：中央文献出版社，中国方正出版社，2022.

[47] 本书编写组. 习近平新时代中国特色社会主义思想概论 [M]. 北京：高等教育出版社，人民出版社，2023.

[48] 习近平. 在庆祝中国共产党成立100周年大会上的讲话 [M]. 北京：人民出版社，2021.

[49] 中共中央文献研究室. 习近平关于全面依法治国论述摘编 [M]. 北京：中央文献出版社，2015.

[50] 中共中央党史和文献研究院，中央党的建设工作领导小组秘书组. 习近平关于全面从严治党论述摘编 [M]. 北京：中央文献出版社，2021.

[51] 本书编写组. 党员干部廉洁从政手册 [M]. 最新增订本. 北京：中国方正出版社，2023.

[52] 中央纪委国家监委研究室. 新中国成立以来党风廉政建设纪事 [M]. 北京：中国方正出版社，2019.

[53] 谢春涛. 历史的轨迹 中国共产党为什么能 [M]. 修订版. 北京：新世界出版社，2012.

[54] 中共中央宣传部理论局. 新中国发展面对面 [M]. 北京：学习出版社，人民出版社，2019.

[55] 中共中央宣传部，中央全面依法治国委员会办公室. 习近平法治思想学习纲要 [M]. 北京：人民出版社，学习出版社，2021.

[56] 本书编写组. 深入学习贯彻党的二十大精神 在新征程上坚定不移推进全面从严治党 [M]. 北京：中国方正出版社，2023.

[57] 高波. 中国共产党党内监督历程：中国特色社会主义新时代 [M]. 北京：中国方正出版社，2022.

[58] 中国法制出版社. 中国共产党党和国家机关基层组织工作条例 [M]. 北京：中国法制出版社，2020.

[59] 中共中央纪律检查委员会法规室，中华人民共和国国家监察委员会法规室. 中国共产党纪律处分条例释义 [M]. 北京：中国方正出版社，2018.

[60] 谢春涛. 中国共产党如何治理国家 [M]. 北京：新世界出版社，2012.

[61] 中国法制出版社.纪检监察机关处理检举控告工作规则 [M].北京：中国法制出版社，2020.

[62] 刘飞.纪检监察实务问答 [M].北京：中国法制出版社，2018.

[63] 本书编写组.《新时代爱国主义教育实施纲要》学习读本 [M].北京：人民出版社，2020.

[64] 教育部课题组.深入学习习近平关于教育的重要论述 [M].北京：人民出版社，2019.

[65] 张士义.打铁必须自身硬：改革开放四十年党建史 [M].成都：天地出版社，2020.

[66] 王庭大，唐景莉.坚持党对教育事业的全面领导 [M].北京：中国人民大学出版社，2021.

[67] 肖贵清.制度何以自信 [M].北京：中国人民大学出版社，2022.

[68] 欧阳淞，高永中.改革开放口述史 [M].北京：中国人民大学出版社，2018.

[69] 秦强，赵均.以党的政治建设为统领：新时代加强党的政治建设读本 [M].北京：法律出版社，2019.

[70] 中共中央党史研究室.反对历史虚无主义 [M].北京：中共党史出版社，2017.

[71] 任初轩.如何破解大党独有难题 [M].北京：人民日报出版社，2023.

[72] 崔耀中.旗帜鲜明讲政治：基层如何加强党的政治建设 [M].北京：人民出版社，2021.

[73] 刘明波.廉政思想与理论：中外名家论廉政与反腐败 [M].北京：人民出版社，1994.

[74] 李树亮，阎启俊.廉洁勤政史鉴 [M].北京：中国经济出版社，1999.

[75] 李秋芳.廉政文化建设理论与实践研究 [M].北京：中国社会科学出版社，2011.

[76] 过勇.中国国家廉政体系研究 [M].北京：中国方正出版社，2007.

[77] 刘英侠.新时代大学生廉洁教育研究 [M].北京：社会科学文献出版社，2022.

［78］ 尼古拉·伊万诺维奇·雷日科夫.大国悲剧：苏联解体的前因后果［M］.修订版.北京：新华出版社，2010.

［79］ 谭琦.社会主义核心价值观视野下的大学生廉洁教育［M］.哈尔滨：哈尔滨工业大学出版社，2015.

［80］ 夏云强.大学生廉洁教育研究［M］.哈尔滨：黑龙江教育出版社，2008.

［81］ 王亚朴.高等学校思想政治工作管理［M］.福州：福建人民出版社，1987.

［82］ 姜树卿，等.高校"德育为先"理论与实践及评价研究［M］.哈尔滨：黑龙江人民出版社，2011.

［83］ 张国臣.高校廉洁文化建设理论与实践［M］.北京：人民出版社，2010.

［84］ 道格拉斯·C.诺思.经济史中的结构与变迁［M］.陈郁，等译.上海：上海人民出版社，1994.

［85］ 薛天祥.高等教育学［M］.桂林：广西师范大学出版社，2007.

［86］ 林广成，等.廉洁自律从起步开始［M］.北京：东方出版社，2023.

［87］ 史全伟.中国共产党历史上的100个第一［M］.北京：人民出版社，2021.

［88］ 王纪一.红色家规［M］.北京：中国方正出版社，2021.

［89］ 实施纲要起草组.建立健全教育、制度、监督并重的惩治和预防腐败体系实施纲要辅导读本［M］.北京：中国方正出版社，2005.

［90］ 本书编写组.习近平总书记教育重要论述讲义［M］.北京：高等教育出版社，2020.

［91］ 本书编写组.新时代纪检监察工作实务指南丛书：如何贯彻《规则》《规定》［M］.北京：中国方正出版社，2021.

［92］ 王健.新时代纪检监察工作实务指南丛书：如何做好笔录［M］.北京：中国方正出版社，2021.

［93］ 侯广聪，李亚群.新时代纪检监察工作实务指南丛书：如何做好谈话［M］.北京：中国方正出版社，2021.

［94］ 张元星.新时代纪检监察工作实务指南丛书：如何撰写审查调查公文［M］.北京：中国方正出版社，2021.

［95］ 吕东韬.新时代纪检监察工作实务指南丛书：如何做好外查［M］.北京：中国方正出版社，2021.

[96] 熊小勇.新时代纪检监察工作实务指南丛书：如何做好搜查［M］.北京：中国方正出版社，2021.

[97] 孙宏斌.新时代纪检监察工作实务指南丛书：如何做好证据收集与审查［M］.北京：中国方正出版社，2021.

[98] 段启俊，郑洋，许杰，等.高校反腐倡廉研究［M］.北京：法律出版社，2020.

[99] 复旦政治学评论.反腐败：中国的实践［M］.上海：复旦大学出版社，2017.

期刊

[1] 杨明.依法治校视角下高校党风廉政建设研究［J］.东北大学学报（社会科学版），2015，17（5）：527-532.

[2] 刘燕.新形势下推进高校党风廉政建设的路径探析［J］.现代经济信息，2018（23）：49-50.

[3] 王呈琛.十九大以来进一步推进高校党风廉政建设的思考［J］.学理论，2019（1）：118-119.

[4] 刘雪清.新时代加强高校党风廉政建设研究与实践［J］.沈阳干部学刊，2019，21（1）：23-25.

[5] 谭玉，刘洁.习近平新时代中国特色社会主义思想视阈下的高校党风廉政建设研究［J］.闽西职业技术学院学报，2019，21（1）：1-5.

[6] 刘睿.高校党风廉政建设考核评价的几点思考［J］.辽宁省交通高等专科学校学报，2019，21（1）：65-68.

[7] 王晋省.新形势下高校党风廉政建设和反腐败工作探析［J］.中国集体经济，2019（18）：37-38.

[8] 董艳，黄丝娜，刘彪.民办高校党风廉政建设存在的问题成因及对策［J］.领导科学论坛，2019（17）：60-63.

[9] 张巍，张嘉良.全面从严治党视域下加强高校党风廉政建设［J］.长春师范大学学报，2019，38（11）：34-36.

[10] 卢喜瑞.服务型党组织建设视角下高校党风廉政建设路径研究［J］.重庆电子工程职业学院学报，2015，24（6）：44-47.

[11] 钟慧容,蒋晓俊.高校党风廉政建设落实"两个责任"研究[J].学校党建与思想教育,2016(2):12-14.

[12] 国亚萍.强化"两个责任":完善高校党风廉政建设责任落实机制[J].廉政文化研究,2015(6):62-67.

[13] 常一青,桂孙来.国家民委所属高校党风廉政建设评价体系研究[J].中南民族大学学报(人文社会科学版),2016,36(4):118-121.

[14] 徐传光,于学强.高校党风廉政建设的问题与对策:基于巡视监督的理性思考[J].广州大学学报(社会科学版),2013,12(2):13-18.

[15] 周晓朗,罗奇清.新形势下进一步推进高校党风廉政建设的思考[J].廉政文化研究,2012,3(6):53-57.

[16] 郭颖.新形势下高校党风廉政建设和反腐败工作策略浅析[J].法制博览,2020(6):214-215.

[17] 高博,马春扬.浅谈新时代高校党风廉政建设工作的困境与出路[J].改革与开放,2020(C4):43-45.

[18] 温晓楠.和谐校园视角下的高校党风廉政建设研究[J].浙江工商职业技术学院学报,2020,19(2):42-44.

[19] 潘涛.高校党风廉政建设研究综述:基于中国学术网络出版总库现有成果的研究[J].传承,2016(12):87-90.

[20] 周丽娟.新形势下高校党风廉政建设问题与对策研究[J].产业与科技论坛,2017,16(9):287-288.

[21] 袁仁广,陈嘉俊.习近平家风观下新时代高校党风廉政建设研究[J].现代商贸工业,2020,41(4):105-106.

[22] 林庆佳.民办高校党风廉政建设及纪委工作实践研究[J].高教学刊,2020(22):178-180.

[23] 顾勤,夏午宁.新常态下高校党风廉政建设协同机制及协同效应实现路径研究[J].理论观察,2016(12):24-27.

[24] 谢家建.新形势下加强和改进高校党风廉政建设的几点思考[J].决策与信息,2017(4):93-96.

[25] 陈刚.新形势下高校党风廉政建设的问题及对策研讨[J].山东农业工程学院学报,2017(2):124-125.

[26] 巨娟. 新形势下高校党风廉政建设的问题与对策 [J]. 商业经济，2017（9）：180-182.

[27] 彭恩胜，鄢文强. 影响高校党风廉政建设"两个责任"协同的若干维度 [J]. 高教学刊，2017（12）：46-48.

[28] 王长城，林玉标. 以"三个以案"推进高校党风廉政建设的思考 [J]. 公关世界，2020（24）：161-162.

[29] 孙云龙. 新形势下高校党风廉政建设和反腐败工作探析 [J]. 法制与社会，2020（36）：85-86.

[30] 刘玉清，许友谈. 关于高校党风廉政建设责任制考评体系的构建 [J]. 泉州师范学院学报，2010，28（9）：128-132.

[31] 傅友. 扎实推进高校纪检监察工作高质量发展 [J]. 群众，2023（13）：65-66.

[32] 邵学汶，刘英侠. 高校纪委运用"第一种形态"开展监督执纪工作研究 [J]. 科教导刊，2018（16）：16-17.

[33] 王太海，汪德洪. 浅谈高校党风廉政建设工作的问题 [J]. 长沙铁道学院学报（社会科学版），2014，15（1）：124-125.

[34] 李炜，俞会新，杨雪. 关于高校反腐倡廉建设的调查研究：以天津市师生高校党风廉政建设调查为例 [J]. 思想理论教育导刊，2014（3）：124-128.

[35] 蒋明，魏新华，牟晓成. 高校党风廉政建设责任制绩效管理体系研究：基于"平衡计分卡"的视角 [J]. 未来与发展，2014，38（10）：94-98.

[36] 曾雅清，卢伟. 关于新时代高校廉政文化建设的思考 [J]. 公关世界，2022（21）：92-94.

[37] 李洁. 高校教职工廉政文化建设路径探析 [J]. 北京教育，2016（11）：12-13.

[38] 许东升，张艳红，华利民. 高校二级单位党风廉政建设责任制考评体系研究 [J]. 河南教育（高等教育），2022（8）：8-10.

[39] 王春艳，刘天目. 高校推进新时代廉洁文化建设构建良好育人生态的探索与实践 [J]. 现代教育，2023（8）：96-101.

[40] 邵东华. 高校廉政体系中的内部审计治理措施 [J]. 当代会计，2021（11）：77-78.

汶，孙晶言.高校廉政文化建设中的问题与对策[J].管理观察，
18（16）：111-112.

[42] 曹荣.高校清廉校园文化建设路径研究[J].河北青年管理干部学院学
报，2023，35（4）：107-113.

[43] 谢晓锐，董翼.新时代高校廉洁文化建设的实践理路[J].学校党建与思
想教育，2021（3）：57-60.

[44] 廖素梅.新时代高校廉洁文化建设的思考与路径研究[J].柳州职业技术
学院学报，2023，23（1）：82-85.

[45] 王晓琪.高校新时代廉洁文化建设实现路径研究[J].鄂州大学学报，
2023，30（4）：9-11.

[46] 何金科.略论高校党风廉政建设[J].漳州师范学院学报（哲学社会科学
版），2008，22（3）：158-162.

[47] 胡杨.预防腐败的制度体系及其建设路径[J].中国行政管理，2011（8）：
44-47.

[48] 邵学汶，王兆东，刘英侠.推动高校纪委监督工作方式方法的创新[J].
大连大学学报，2016，37（2）：57-61.

[49] 翟照东，王超.基于新时代纪检监察体制改革背景下构建高校"大监督"
工作体系的探究：以长春工程学院为例[J].长春工程学院学报（社会科
学版），2023，24（2）：17-20.

[50] 黄琍.论高校纪检监察工作的法治逻辑与实现路径[J].科学咨询（科技·
管理），2023（5）：78-80.

[51] 康志荣，朱榕谦.纪检监察体制改革下高校反腐败工作思考[J].泉州师
范学院学报，2023，41（1）：87-91.

[52] 刚文哲.结合高校特点推动纪检监察工作高质量发展[J].中国纪检监
察，2023（3）：11-12.

[53] 江丽.新时代省属本科高校纪检监察干部履职能力提升路径探究[J].现
代商贸工业，2023，44（7）：92-94.

[54] 郭玉亮，刘秀安，刘东锋，等.关于省属高校"四种形态"运用情况的调
研[J].中国纪检监察，2021（4）：36-37.

[55] 辛晓羽.以信息化技术助力高校纪检监察工作创新的探索[J].数字通信世界，2021（10）：255-256.

[56] 钟建平.党建文化 高校基层党组织发挥作用的有效载体[J].丽水学院学报，2012（4）：103-107.

[57] 裴转玲.浅析如何用好监督执纪"第一种形态"[J].企业文明，2022（5）：96.

[58] 罗邦强.实践运用监督执纪第一种形态的认识误区与对策措施[J].政工学刊，2022（7）：74-76.

[59] 于国君.打好监督"组合拳"[J].共产党员，2022（9）：55.

[60] 苗振华，孙咏梅，张超."四种形态"在高校实践运用的分析与探索[J].办公室业务，2022（22）：82-84.

[61] 高忠芳.新时代高校廉洁文化建设的实践路径[J].甘肃教育，2023（14）：21-26.

[62] 唐志强，何强.加强新时代廉洁文化建设的实践理路[J].理论观察，2023（4）：40-43.

[63] 叶宁.新时代高校廉洁文化建设的实践与思考[J].科学咨询（教育·科研），2023（6）：87-89.

[64] 刁佳.推进全面从严治党 深化高校纪委"三转"[J].才智，2018（9）：35-36.

[65] 王水平，胥光辉.再监督：高校纪委"三转"后的职能新定位[J].江西广播电视大学学报，2020，22（4）：27-30.

[66] 李丹，邹青，郑自强.全面从严治党背景下高校纪委履行监督责任研究[J].遵义师范学院学报，2020，22（1）：58-60.

[67] 钟欣凌.高校纪委履行监督责任的"五部曲"[J].廉政瞭望，2023（8）：83.

[68] 王晓明，陈明，郭爽，等.新形势下落实高校纪委监督责任的几点思考[J].辽宁工业大学学报（社会科学版），2020，22（1）：92-94.

[69] 宋建威，张士和.全面从严治党视域下高校纪委履行监督责任研究：以石家庄铁路职业技术学院为例[J].石家庄铁路职业技术学院学报，2021，20（3）：110-113.

颖雄.新时代加强高校纪检监察干部队伍建设的思考［J］.领导科学论坛，2022（6）：34-38.

[71] 李佳婧.法治思维视角下高校纪检监察干部队伍履职能力建设路径［J］.法制与社会，2020（24）：96-97.

[72] 黄治勇.新时代高校廉洁文化品牌塑造的路径思考［J］.鄂州大学学报，2023,30（4）：5-8.

[73] 曹雅丽.准确把握新时代廉洁文化建设的内涵要求［J］.中国纪检监察，2022（5）：24-25.

[74] 李景平，周海建.廉洁文化建设应融入一体推进"三不"机制全过程［J］.廉政文化研究，2022,13（2）：9-11.

[75] 王秀芬，王艳宁.世界主要国家反腐败经验对中国预防腐败的启示［J］.河北学刊，2020（4）：152-155.

[76] 李曙新.论廉政文化的内涵、特征、作用及其实现路径［J］.中共青岛市委党校、青岛行政学院学报，2012（1）：64-67.

学位论文

[1] 吴勇勇.论高校监察权运行机制的完善［D］.南京：江苏大学，2022.

[2] 浦东方.我国高校廉政体系建设研究［D］.合肥：安徽大学，2020.

[3] 陈天.高校廉洁文化建设研究［D］.石家庄：河北师范大学，2018.

[4] 于丽娜.和谐社会视域下高校廉洁文化建设研究［D］.大连：大连交通大学，2015.

[5] 周婉如.全面从严治党视域下高校党风廉政建设研究［D］.南京：南京林业大学，2022.

[6] 罗洁.高校党风廉政建设研究［D］.兰州：兰州大学，2017.

[7] 孟冲.监督执纪"四种形态"制度的分析与运用［D］.长春：中共吉林省委党校（吉林省行政学院），2022.

[8] 董雨茉.运用监督执纪"四种形态"管党治党［D］.无锡：江南大学，2018.

[9] 文溦婷.高校纪检监察工作的思想政治教育功能研究［D］.长沙：长沙理工大学，2021.

后　记

　　党的二十大对坚定不移全面从严治党、深入推进新时代党的建设新的伟大工程作出战略部署，对新时代、新征程的纪检监察工作也提出了更高要求。加强高校廉政体系建设，推进反腐败斗争向纵深发展，发挥纪检监察工作在全面建设社会主义现代化国家新征程中的重要作用已经成为高校纪委提升工作成效的重要抓手。十九届中央纪委五次全会强调："全面从严治党首先要从政治上看，不断提高政治判断力、政治领悟力、政治执行力，一刻不停推进党风廉政建设和反腐败斗争，充分发挥全面从严治党的引领保障作用"，"要以强有力的政治监督，确保党中央重大决策部署贯彻落实到位。"①高校纪检监察部门理应是冲锋在前的一支队伍。二十届中央纪委二次全会上提出要健全全面从严治党体系，坚持内容上全涵盖、对象上全覆盖、责任上全链条、制度上全贯通②，这些要求实际上也是对高校的纪检监察工作从体系构建方面提出的要求，健全全面从严治党体系，是全党的共同责任，高校必须发挥政治优势、组织优势、制度优势、知识分子高地的优势将廉政体系构建好。

　　教育在民族振兴、社会进步方面起着重要作用，对提高人民综合素质、促进人的全面发展、增强中华民族创新创造活力、实现中华民族伟大复兴具有决定性的意义。高校纪委一方面要继续自觉践行"两个维护"，继续坚持马克思主义在意识形态领域的指导地位，坚持以社会主义核心价值观为引领，筑牢拒腐防变的思想防线，构建起反腐败的铜墙铁壁；另一方面要结合高校的特点，制定完善的制度措施，督促党中央的各项决策部署在高校的落地落实，营造风清气正的政治生态，不断推进高校党的建设理论创新、实践创新、制度创新，

---

① 一刻不停推进党风廉政建设和反腐败斗争［N］. 人民日报，2021-02-23（9）.

② 习近平. 健全全面从严治党体系 推动新时代党的建设和新的伟大工程向纵深发展［J］. 求是，2023（12）：5-6.

高校"不敢腐、不能腐、不想腐"的一体化建设。

反腐败工作是长期的、艰巨的任务，高校的廉政体系建设、廉洁教育工作、廉洁文化体系建设等都是反腐败工作的重要内容。本书尽管联系实际工作、结合工作经验和理论研究成果做了一些探讨，还吸收了正在研究中的北京市教育工委课题"廉洁教育融入'大思政课'的路径研究"（BJSZ2023ZC61）、北京市习近平新时代中国特色社会主义思想研究中心课题"全面从严治党体系的系统优化与功能整合研究"（23LLDJC117）和北京石油化工学院党建研究课题"新时代背景下高校廉洁文化研究"（DJYB2023009）的部分研究成果，但这仍只是实际工作中很少的一部分，对高校开展党风廉政建设和反腐败工作的贡献微弱，而且行文表达中还有不足处，观点也有不成熟之处，希望各位读者多加包容，多提意见，让我们共同为新时代党的建设多出一份力。

刘英侠

2023 年 8 月